Emanuel. [from old catalog] Hertberg

Gorilla-Katechismus

Emanuel. [from old catalog] Hertberg

Gorilla-Katechismus

ISBN/EAN: 9783744638180

Hergestellt in Europa, USA, Kanada, Australien, Japan

Cover: Foto ©Andreas Hilbeck / pixelio.de

Weitere Bücher finden Sie auf **www.hansebooks.com**

Gorilla-Katechismus.

Von

Dr. Emanuel Herzberg.

„Warum ist dein Gewand roth und dein Kleid wie eines Kelterers?
Trat ich die Kelter allein, und von den Völkern war auch nicht einer mit mir.
So zertrete ich sie in meinem Zorn, zerstampfe sie in meinem Grimm."

"Itaque, si aut acrius egero aut liberius quam qui ante me dixerunt, peto a vobis, ut tantum orationi meae concedatis, quantum et pio dolori et justae iracundiae concendendum putetis."

New-York:
Druck von Gustav Lauter, No. 8 North William St.
1869.

Entered, according to Act of Congress, in the year 1869, by
EMANUEL HERZBERG, M.D.,
in the Clerk's Office of the District Court of the United States for the Southern District of New-York.

Unbestrittene Thatsache, ich darf sie als solche ja wohl voraussetzen, ist, daß einzig und allein die Naturwissenschaften es sind, die die Regeln und Methoden für die Erziehung des Menschen zu liefern haben. Das Studium der Zoologie lehrte mich, auf meinen Wanderungen ganz besonderes Augenmerk denjenigen Species und Gattungen zuzuwenden, von welchen man glaubt, daß sie in dem großen Thiergarten der Natur dem Menschen, dem wahren Menschen, für den ich beobachtete und jetzt schreibe, am nächsten stehen.

Da habe ich denn eine Art Gorilla angetroffen, die, tief im Innern Asiens einheimisch, jetzt, malen sie sich leicht acclimatisirt, ich möchte sagen überall, unter allen Zonen, vorkommt, die meisten Anhaltspunkte mir zu bieten schien, um Regeln und Methoden für den zu erziehenden, zu bildenden Menschen zu fundiren.

Diese Gorillaspecies unterscheidet sich von der bekannten vornehmlich durch artikulirte Sprache. Sie behauptet,

> ihr einziges Streben sei dahin gerichtet, das möglichst auszu= bilden, was man Verstand nennt.

Wie hier die Bestrebungen der Gorilla=Arten, die Mittel und Wege, die sie einschlagen, weit auseinandergehn, und jede, auch die kleinste, Abweichung hartnäckig, oft bis zur Vernichtung ganzer Stämme, verthei= digt wird, so daß das Resultat eher Wahnsinn, mindestens Unverstand, denn Verstand, dokumentirt, wird im Verlaufe dieser Schrift klar werden.

In der That fand ich, was mich oft anwiderte, dann und wann ergötzte, daß diese Gorillaspecies vermöge sogenannt höherer Kultur bis zur vollständigen Persiflage der Natur es gebracht hat; daß in ihr die große Natur in ihrer Einfachheit und Erhabenheit, in ihrer ewigen Regelmäßigkeit und Gesetzlichkeit, in ihrer Pracht, Würde und Majestät als pure Lächerlichkeit erscheint und als solche personificirt basteht: daß diese Gorillaspecies mithin vermöge ihrer höhern Ausbildung die verkörperte Travestie der Natur ist,

Natur als Fratze.

Die Gorilla lebt in getrennten Geschlechtern, und wirft lebendige Junge, die aus einem Ei in der Mutter Leib ausgebrütet werden. Im Allgemeinen gleicht das Junge dem Alten. „Wie die Alten, so die Jungen!" „Der Apfel fällt nicht weit vom Stamme!" (Ausnahme: Wo der Baum auf einer jähen Anhöhe steht,) sind Sprichwörter, die der Dichter in seinem: "Fortes creantur fortibus et bonis: est in juvenca, est in equis patruum virtus, nec imbellem feroces progenerant aquilæ columbam" schön besungen hat. Gesetzgebung, Sitte und Gebrauch haben versucht, dieses Naturgesetz frech unter die Füße zu treten, und sich des zu rühmen, wie wir unten sehen werden.

Männchen und Weibchen gehen aufrecht. Das Weibchen trägt seine Brüste vorne am Brustkasten, gegenüber der dritten bis sechsten oder siebenten Rippe. Sie bilden den bei ihm meist hervorstehenden Körpertheil. Sie sind da, um die Jungen daran zu säugen, als vollkommene Fötalplacenten. Ich traf folgende Sitten und Gebräuche unter den meist kultivirten Stämmen dieser Gorilla, die sich ganz besonderer Civilisation und Decenz rühmt, einen fein entwickelten Geist vor allen anderen in Anspruch nimmt.

Man betrachtet es als Schönheit, diese Brüste wo möglich nach der Mittellinie hervorzubrängen; selbst die schon Mütter gewordenen Gorillas thun es. Natur hat bekanntlich eine schräg nach den Seiten und Achselhöhlen gerichtete Schwellung beliebt. Inzwischen jene Sitte ist allgemein, und jede Gorilla, die auch nur entfernt Anspruch auf Bildung macht, huldigt ihr. In den höheren Cirkeln, wo feiner Ton und Intelligenz zu Hause sind, wo reale Brüste jetzt meist zu den Raritäten zählen, und die vollen gewöhnlich als Aushängeschild für Mangel an Feinheit und Ton betrachtet werden, hat man längst künstliche, leichter zu managirende, erfunden. Man steckt jetzt allgemein Lumpen, Haare, Wolle, ein hohles Drahtgeflecht, und wie ich aus authentischer Quelle vernehme, in der neuesten Zeit Luftkissen vor, und parabirt damit vor

. ber Oeffentlichkeit. Daß diese Lumpen, Büschel, Geflechte, Kissen die meiste moderne Größe und Schwellung besitzen, darauf wird von der Trägerin und deren Kleiderkünstlerin ganz besonders Gewicht gelegt, wohl wissend, daß das Männchen solche Hervorragungen mit besonderem Wohlgefallen anstiert. Das Anstieren ist erlaubt, wird um Alles erstrebt, emsig erforscht und gegenseitig berichtet, wenn die Gorilla= weibchen unter sich über das conferiren, was es auf der letzten Assemblee gegeben. Das Betasten wird als brutal verdammt, erlaubt nur ganz besonders Eingeweihten. Bekanntlich tragen die vierfüßigen Thiere diesen Theil nach unten und versteckt — natürliche Decenz, gut für Quadrupeden!

Die Gorilla versteht es, mit den weit nach Außen vorgeschobenen Vorposten, die, wie gesagt, nichts Natürliches, nichts Solides, meist bloße Luft enthalten, in nobeln Cirkeln und bei Festlich= keiten ihr Gaukelspiel zu treiben, direkt durch hohles Polster, die absolut nothwendigen, indirekt vermöge Verhöhnung, Lästerung der Natur, die das Gorillaweibchen zwang, ihr unterthänig zu werden, indem es die Milchkanälchen künstlich ver= drängte, verödete — und rudimentöse Lappen davon trug. Bei diesem Zuschautragen verlachter und frech verhöhnter Natur will das Gorillaweibchen folgende Regeln der Decenz in aller Be= scheidenheit strikt befolgt wissen. Es trägt die vorgesteckten Lumpen, Wollknäuel, Luftkissen bescheiden bedeckt, und da, wo die Schwellung oben beginnt, wird hoch am Saum des Kleides ein Leinwandstreifen befestigt, den es zum Zeichen wahrer Beschei= denheit Modestiechen nennt. Durch dieses Modestiechen deutet es blos an, daß, obwohl es scheinen könne, als sei die ganze Männ= chenwelt auf diesem zum Begaffen umhergetragenen Balkone zu pro= meniren eingeladen, es dennoch nicht erstrebe, die Blicke weiter schwei= fen zu lassen, als es zum Wohle beider Geschlechter ersprießlich ist. Die wenigen kultivirten Gorillaweibchen ziehn ihre Brüste unbescheiden in Gesellschaften, in Omnibus w. s. f. hervor, legen ihr Junges an und säugen es. Das wird jedoch in den höheren Cirkeln als vulgär betrachtet. Wahre Kultur und Fortschritt hat längst mit den natürlichen Brüsten und mit dem Säugen aufgeräumt, und nur rudimentöse Lappen übrig gelassen.

Die Gorilla reitet auch und nimmt sich im Ganzen gut aus, wenn hoch zu Roß. Nur nicht die Popen unter ihnen in ihrer scheinheiligen De- und Wehmüthigkeit. Der Contrast zwischen der Sanftmuth, Milde, Demuth und Wehmuth, des, in Heiligenstrahl glänzenden, Mannes, und der Kraft, dem Eifer, dem Feuer des, mit mächtigem Schenkeldruck das edle Thier seinem Willen unterwerfenden, Rossebändigers, entlockte mir stets ein mitleidiges Gelächter.—Beide Geschlechter reiten, doch gewöhnlich nicht zugleich ein Roß. Die Gorilla vom Lande sitzt gewöhnlich zu Roß wie die Katze auf dem Schleifstein. Von der rede ich nicht. Für die fein gebildete Gorilla in Städten gilt als Regel, die Fußspitzen beim Reiten hübsch nach innen und oben zu tragen, die Ferse nach außen und unten. Für's Gehen ist das Umgekehrte der Fall, Fußspitzen nach unten und außen zu bewegen, Ferse nach innen und oben. Diese Regel wird erbarmungslos enforcirt, und ich glaube mit Recht, da von der geübten Ausführung und, wo diese zur Natur geworden, die Beurtheilung, ob Feinheit und Kultur, oder angeerbte Plumpheit vorhanden, abhängt. Daß dabei hier und da, wo Mutter Natur obstinat in der Anlage des Knie- und Hüftgelenks Abirrungen sich erlaubt, die Gorilla hohlbeinig gemacht hat, Carricaturen, selbst unter der nobeln Gorilla, zum Vorschein kommen, kann nicht abgeholfen werden.

Für die Hände gilt die Regel, daß sie in Wachsthum und Ausbildung retardirt werden, um so in den höheren Cirkeln, d. h. den meist kultivirten, durch Verkrüppelung derselben, und lange, klauenartige Nägel Jedem den Beweis zu liefern, daß die Bestie es versteht, vermöge höherer Natur ohne Arbeit, d. h. auf Kosten Anderer zu leben.

Bekanntlich entbehren die rohen, unkultivirten Horden diesen Vorzug. Die Heilkünstler unter den Gorillas müssen, wenn sie nicht ungebildet erscheinen wollen, wohl reflektiren, wenn sie der weiblichen Gorilla sonst wohlthätige Exercitien anzuempfehlen sich veranlaßt sehn, ja nicht solche zu wählen, und wären sie die unentbehrlichsten, heilsamsten, die die Hand wachsen machen, und dadurch sie erweitern, vergrößern könnten, wie z. B. Rudern im Boote u. s. w. Zu dem Ende trägt man in auch nur einigermaßen kultivirten Cirkeln Schuhe an der Hand, Handschuhe, um sie einzuengen, oder bei Arbeit zu bewahren, weder dem Licht noch der Sonne sie auszusetzen, oft sogar bei Nacht. Die weniger Kultivirten machen das nach, und stecken gelegentlich ihre Fäuste auch in solche Schuhe, als Zeichen von Rang und Stand. Jedoch vergeblich. Der Standes-Gorilla unterscheidet sogleich, wo solch ein Klotz im Schuhe steckt, und wo er standes- und gewohnheitsgemäß getragen, oder gelegentlich für ein Weilchen aus der Tasche hervorgelangt wird. — In anderen Gegenden trägt die Gorilla gleich nach der Geburt den Fuß einzwängende Schuhe, in ganz derselben Absicht, um durch das Verhindern des Gehens zu dokumentiren, daß sie der Arbeit nicht bedürfe, und Mittel genug besitze, um zu fahren oder sich in Sänften tragen zu lassen. So treibt's die gebildete Gorilla in Europa und Amerika mit der Hand, die in Asien mit dem Fuße. Sie zeigt ihren hohen Standpunkt der Civilisation, und versteht es, Natur zu meistern! — Die in späteren Generationen von so an Hand und Fuß verstümmelten Voreltern Geborenen bringen die Verstümmelung als natürliche Mitgift bereits mit auf die Welt, und beurkunden allein schon dadurch ihre noble Abstammung und ihr edles Blut. — Das kann nun fortan nur befleckt werden durch Heirath in andere Gorillakasten, die sogenannt plumphändigen und plumpfüßigen Gorillas, Gorillas mit Händen und Füßen, ganz wie Mutter Natur sie hat werden lassen inmitten der Arbeit — Gorillas, ohne Bildung und Feinheit — gemeines Pack. — Was auch immer die edle Gorilla thun und verstoßen mag gegen Gesetz und Recht — beides ist ja hauptsächlich nur da des edlen Gorilla's wegen, und auf seine Bevorzugung auferbauet — die edle Abstammung kann nimmer abgestreift, nimmer verleugnet werden. — Sie ist zu Blut geworden. — Der Leser wird leicht einsehn, daß auch die Gorilla in Kasten lebt, ganz wie die alten Egypter. Die Kaste der Nobeln, der Aristokraten, wo unstreitig die Bildung aufgehäuft existirt seit Jahrtausenden; sie nennt sich die privilegirte, von privare legem, ein Gesetz rauben. Doch hat das fremde Wort nie den harten Klang für's Ohr, wie die commune, plebejische Bezeichnung Diebstahl, Raub. So was Plebejisches kann sich nun einmal die edle Bestie nie zu Schulden kommen lassen. Das würde, wie der gelehrte Gorilla sich ausdrückt, eine contradictio in adjecto sein: Diebstahl, Plebejerthum — und Adel,

Nobilität. Jeder Vernünftige giebt das zu. Dergleichen Bezeichnungen findet man aber auch nur in der That bei der niedern Canaille, die die Stufenleiter höherer Bildung noch nicht erklommen hat, und stets, ich möchte sagen, instinktmäßig, pron ist, Dinge bei ihren communen Namen zu nennen, statt hübsch Umschreibungen zu gebrauchen, die so süßen Klang haben für das kultivirte, civilisirte Gorillaohr. Jede Gesetzgebung kann naturgemäß nur auf diesen Privilegien aufgebauet werden; und es müssen nothwendig nur ehrgeizige, demokratische Volksaufwiegler sein, die daran zu rütteln sich unterfangen, und gewöhnlich die insolente Frage aufwerfen, oder frech voraussetzen, und gar erörtern, was der Ursprung dieser Privilegien gewesen sei. Mit Recht macht solche Gottlosigkeit, solcher Hohn, solcher Spott gegen göttliches Recht, gegen Gott und sein Gebot, gegen alles Gute und Erhabene, ja, gegen Staat und Thron die edle Gorilla wüthend. Denn es ist ganz dasselbe, als wollte man fragen, woher denn die Gottheit, die ewige, die unendliche, gekommen sei. Und es gehört der ganze Edelsinn beleidigten, tiefgekränkten Abels dazu, um den heraufbeschworenen Zorn zu beschwichtigen, dem oft freilich schwere Opfer fallen müssen.

Bei dem Gorillamännchen ist der Brustkasten von oben nach unten tiefer, auch breiter als beim Weibchen, der Bauch kürzer, schmaler. Daher liegt die Taille bei ihm ziemlich in der Mitte, zwischen Schulterhöhe und Hüften, beim Weibchen hoch oben unter dem Schulterblatte. Linien von der Schulterhöhe zu den Hüften würden beim Männchen parallel laufen; beim Weibchen oben convergiren, unten bedeutend divergiren. Die Unterextremitäten steigen beim Männchen gerade hinab zu den Füßen; beim Weibchen seitlich und von hinten convergirend zu den Knieen, und von hier divergirend zu den Füßen. Somit bildet das Gorillaweibchen ein äußerst krummes Gestell, während des Männchens Bau harmonisch dem Auge erscheint. —

Von alten, ergrauten Gorillas habe ich nun folgende Geschichte erfahren. Bald nach der großen Ueberschwemmung, als das Gorillaweibchen sah, wie Natur es, was Kraft und Schönheit betrifft, dem Gorillamännchen nachgestellt, wie überhaupt in der ganzen Thierreihe abwärts das Männchen stets das schönere, kräftigere, stolzere, prachtvollere, majestätische darstellt, und alles Rivalisiren und Disputiren fruchtlos sein würde, dachte es ernstlich darüber nach, durch List und Schlauheit zum Ziele zu gelangen. Es gelang ihm auch bald, das Gorillamännchen trunken zu machen mit der Idee einer neuen Wissenschaft, die nur von solch einem kraftvollen und intelligent dastehenden Männchen, das vor Allen der Repräsentant alles Schönen und Edlen sei, erlangt werden könne — Courtoisie. Diese Courtoisie lehrt das Männchen, daß es als das stärkere und schönere seinem Weibchen stets den Tribut der Schönheit darzubringen, und, seine eigene Präponderanz wohl kennend, aber auch die Abhängigkeit und Unterwürfigkeit, die Schwäche des Weibchens, in Gesellschaften sie stets als seine holde Gebieterin anzureden habe. Natürlich alles Ironie und Verstellung, malen der holden Gebieterin, eingelullt durch die Länge der Zeit in ihren eigenen Wahn, sehr oft direkt und indirekt der individuelle Standpunkt klar gemacht zu werden wirklich Noth thut. Ich erinnere mich von meiner Jugendzeit her einer Gorilla aus der nobeln Klasse, von der die Jungen auf der Straße, so oft sie sie an der Seite ihres Gemahls, des Regiments-Obersten, die Straßen paradiren sahen, sich in die Ohren flüsterten: „Die hat denn mal wieder ihre legalen Prügel bekommen!" Inzwischen wußte sie so gut wie ihre Colleginnen, daß schließlich Gewalt den Scepter führt, und daß es der liebe Gott von Anbeginn der Schöpfung so festgesetzt hat; sie wußte auch, daß die Gorilla, wo ihr der Finger gereicht wird, gleich nach der ganzen Hand greift und anmaßend und pretentiös wird. Daß dann aber ihre Position, ihre Sphäre in den Gränzen, die Schwäche und Duldung ihr angewiesen, ihr klar gemacht werden müssen, ist Selbstfolge. Daß es nun aber verschiedene Methoden der Aufklärung giebt, die selbst noch in vorgerückten Jahren incorporirt werden muß, versteht sich von selbst, wie es ja auch ganz verschiedene Naturen giebt. Jeder hat seinen eigenen Gout. Eins paßt nicht für Alle. — Doch in Worten wird der Gorilla von Stand nie vulgär, er mag thun, was er wolle. „Meine Schöne, meine Liebe, meine holde Gebieterin," sind Attribute, die das Weibchen stets gerne hört, ja selbst nach eben überstandener harten Erörterung. Letztere mag noch so hart und ihr innerstes Gefühl durchdringend klar sein, auch gar alltäglicher Wiederholung bedürfen; jene Attribute, bekannt in offener Gesellschaft von einem, von wahrer Bildung und Courtoisie besessenen, nobeln Gorilla, klingen ihrem Ohre so süß, sind so erquickend für ihre Seele, daß ihr sublimer Geist auch nicht einen Augenblick daran zweifeln kann, und wenn alle ihre Gefühls=nerven vereint Protest dagegen einlegen sollten.

Meine Beobachtungen unter allen Klassen der Gorilla lassen mich nicht an die Wahrheit zweifeln, d a ß   e s   l e d i g l i c h   u n d   a l l e i n   d i e   C o u r t o i s i e   i s t, die, wie in geselliger Beziehung zwi=schen Männchen Und Weibchen, so im Ganzen und im Großen all=überall wo Gorillas verkehren, und selbst, wo Gorillastämme in gegen=seitigen Verkehr treten, d e r   G e s e l l s c h a f t   a l s   F u n d a m e n t   d i e n t,   u n d   d a s   e i n z i g e   i s t,   w o v o n   s i e   ü b e r h a u p t   D a u e r   u n d   S t a b i l i t ä t   e r w a r t e t. — In den verschiedenen Abtheilungen der Gorillaerziehung, wie die Gelehrten sie lehren, führt diese Courtoisie bloß verschiedene Benennungen, wie R e l i g i o n,   M o r a l,   R e c h t   u n d   G e s e t z,   A d m i n i s t r a t i o n,   K r i e g s = w i s s e n s c h a f t,   D i p l o m a t i e — A l l e s   l e d i g l i c h   Z w e i g e   d e r   C o u r t o i s i e, aufgebaut auf dem Fundamental=Grundsatze: Gewalt herrscht souverain auf Kosten der Schwäche.

Gegen jenen, im Gesellschaftsleben ihm darzubringenden, Tribut übernahm das Gorillaweibchen damals seiner Seits, alle drei Reiche der Natur emsig zu perlustriren, und alles einigermaßen Erreichbare seinem Körper einzuverleiben, um ihm zur Schönheit zu verhelfen, und, sollte es erliegen müssen unter der Wucht, Alles aufzupacken und damit umherzustolziren. Alles, versteht sich, um Willen des lieben Gemahls, ihm zu gefallen; nie, gewiß nie, aus Eitelkeit oder Egoismus. Seit=dem trägt das Gorillaweibchen, selbst wo es ein bloßes Knochengerippe darstellt, in Hitze und Kälte, im Hause und im Freien, von Kopf zu Fuß, ein Conglomerat aus der ganzen Natur, auf und am Kopfe, an den Ohren, Lippen, an der Nase, im Munde, am Halse, an den Schultern, Armen, Händen, am Rücken, an den Hüften, am Busen, an den Unter=extremitäten, Füßen; und beölt und bemalt die Haut. Dadurch unter=scheidet es sich vortheilhaft gleich auf den ersten Blick als civilisirte, kultivirte Gorilla von jenen rohen Stämmen Africa's und anderer Länder, die nur dürftig hie und da solche Schnörkeleien tragen, — aber auch nie es bis zur wahren Kunst und Vollkommenheit für jeden Theil des Körpers gebracht haben. D i e s e   K u n s t   i s t   a u f   f e s t e n

Regeln höherer Civilisation im **Christenthume**, begründet. —

Ich war einst von einem Gorillaheilkünstler gewürdigt, zugegen sein zu dürfen, als eine Gorilla von Stand ihr Leid klagte. Sie litt an einem unbeschreiblich üblen Geruch aus der Hautoberfläche, wogegen die von ihr gebrauchten Essenzen aus beiden Indien bloß das bewirkten, was in menschlichen Wohnhäusern uns oft aufstößt, wenn wir gewisse natürlich üble Gerüche zu verschlucken haben, mit Räucherkerzenduft geschwängert. Da der Heilkünstler sein Fach verstand, auch sich die Zeit nahm bei der Untersuchung, in Widerspruch mit menschlichen Aerzten, die beim schönen Geschlecht durch Kleider und Polster die Krankheit ohne Untersuchung herausschnüffeln vermöge Titels, hohen Standes, Rufes und Erfahrung, so hatte die Gorilla sich zu entkleiden. Aber was sah da mein Auge! Kaum daß ich im Stande bin, es getreu wieder zu geben. Zuerst wurde ein ganzer Koloß, ein wahrer Thurm vom Haupte genommen, Haare. Ich fragte die Gorilla, ob sie solche vielleicht als Andenken an Liebe und Theure in der Familie trüge. Sie belächelte meine Naivetät und „Unbekanntschaft mit der großen Welt," wie sie sich ausdrückte. Es sei eine allgemein hergebrachte Sitte, sagte sie, hinab bis zur niedern, ungebildeten Klasse, solche Büschel öffentlich in Läden aufzukaufen, ganz unbekümmert, ob sie auf schwindsüchtigen oder syphilitischen Häuptern gewachsen seien. Denn die vornehmste Maxime sei nicht, — einfach und gesund zu leben, und sich vor schmutzigen und tödtlichen Krankheiten zu schützen, sondern zu gefallen. Wer den dicksten Haarbeutel habe, gefalle am besten. Ueberhaupt sei unter den Gebildeten ihres Standes die Idee längst aufgegeben, daß man Kleider trage, um seine Blöße zu bedecken, oder sich gegen die Witterung zu schützen— Ideen verschollener Zeiten.

In sonstigen, gewöhnlichen Vorkommnissen täglichen Lebens würden, wie ich es von so gebildeter Klasse leicht erwarten dürfe, stets die feinsten Anstands- und Gesundheitsregeln beobachtet. Nie z. B. würde das Glas, der Löffel, aus welchem selbst der reinste Freundesmund eben Wasser oder Suppe getrunken, ungewaschen zum Munde geführt. Dergleichen Unarten sehe man, leider, zu häufig unter der niedern Klasse, die z. B. ihren Athem über die Milch im Topfe dahinblase, um die Sahne zu entfernen, oder die Nahrung im Löffel koste, ehe sie dem

Säugling gereicht würde. In solchen Fällen, die Creatur wurde ironisch, dürfte es wohl gerathener sein, daß die Amme oder Mutter das Ganze lieber recht hübsch erst selbst durchkaue, und es dann mittelst der Zunge dem Säugling, wie einem jungen Vogel, in den Mund schiebe.

Sie gab zu, daß die Haarpyramide allerdings auf gar garstigem, krankhaftem, pestilentialischem Haupte gewachsen sein möge. Doch, schmunzelte sie liebreich, ich sehe es nicht, und das genügt. Ueberdies, es ist die Mode! — Ich schwieg. Denn es traten plötzlich vor meine Augen die Zöpfe der Herren im vorigen Jahrhunderte. Warum sollte das Gorillaweibchen, ein Jahrhundert später, nicht ebenso es machen? Sind doch auch noch heut zu Tage, sonst gar gebildete Menschen süddeutscher Stämme ein Hundert Jahre hinter der Zeit zurück geblieben, und mußten erst, wie bei Sadowa, in die allgemeine Bildung hineingeprügelt werden! Da lobe ich mir die Mode des Gorillaweibchens. Es thut alles Das, und braucht nicht erst in die Mode hineingeprügelt zu werden. Es thut es mit Lust und Liebe; und sollte es Tag und Nacht sich abquälen und abhärmen, und sogar seine Betten in's Pfandhaus schicken, ja, was fast noch härter ist, für eine Weile den Liebkosungen eines fremden Gorillamännchens sich überlassen: verschlägt Alles nichts. Treu bleibt es der Mode, Vive la mode! Pereat mundus! Thut es doch das Alles ausschließlich nur, um seines Herrn Gorilla's Liebe zu firiren! — Häusliche Pflichten, temporäre Aberrationen von Treue und Pflicht, oft Verdächtigungen im Publikum, selbst Härte von Seiten des, auf Einflüsterungen hörenden, mißtrauischen, oft „schwachen", Gemahls: was sind alle diese Qualen in Vergleich mit dem erhebenden, göttlichen Wonnegefühl, Alles, und müßte es sein Seele und Seligkeit, zum Opfer zu bringen dem rechtmäßigen Gemahl, und bloß ihm zu Liebe alle Qualen der Moden und ihre tausendfachen üblen Folgen zu erdulden, lediglich und allein um ihm zu gefallen, immer und immer von neuem! — Uebrigens trägt die Gorilla ihren Haarballast gewöhnlich am Hinterkopfe, nie an der Stirn. Da hinten am Schädel, sagte sie, seien manche Anlagen zu verdecken, die sie nicht gerne promulgirt wünsche. Sie hatte sichtlich Gall studirt.

Sodann legte die edle Gorilla beide Reihen Zähne ab, die so täuschend waren, daß ihr Gemahl noch lange nach der Heirath nicht anders wußte, als daß sie natürliche seien. Sie trug sie mit ihrem dreizehnten

Jahre, weil ihre natürlichen ein wenig uneben und übelriechend waren. Seitdem sie neue trug, erzählte sie mir, nahm sie wirklich den Rang einer Lady ein. Jeder bewundere den Mund, wenn er zum Lächeln sich öffne. Natürlich geschehe das jetzt öfter, während früher, wenn selbst veranlaßt zum Lachen, der Mund nur vorsichtig zum Schmunzeln verzogen wurde. Von der Gesellschaft wurde das oft für altersklug mißdeutet, während es bloß aus zarter Rücksicht für die Nachbaren geschah, theils auch, um deren Auge und Nase vor Widerlichkeit zu bewahren. Jetzt dürfe sie den Mund Jedem sogar zum Kusse reichen, was sie freilich anfänglich nur schüchtern gethan, um nicht durch schroffes Abstechen von früherer Gewohnheit sich zu verrathen. Und so oft sie auch das Experiment wiederholt; jeder, der dies Vorrecht einmal genossen, sei stets wiedergekehrt, zum deutlichen Beweis, daß auch keine Spur eines offensiven Athems zurückgeblieben. Alle Verehrer, die sie, freilich bloß um ihren Gemahl zu beglücken, attrahire, seien darin einverstanden. Wohl könne sie rühmen, daß sie jetzt freier und unabhängiger sich selbst erscheine, während sie früher zaghaft und schüchtern gewesen. Sicherlich habe es ihr eine Art Kühnheit gegeben, diese Batterie zu tragen, und mit dem alten, mephitischen Plunder der geizigen Natur aufzuräumen. Sie habe sich oft gewundert, wie es eine Gottheit nur vermöge, an Sonn- und Feiertagen herniederzuschauen in solche, schaarenweise in Kirchen zum Singen sich öffnende, alles um sich verpestende, mephitische Kloaken. Es sei eine Beleidigung des Allerhöchsten. Und wahrlich, sie könne nicht hart genug sein gegen ihre Standesgenossen, die sich dem Gemahl und Anderen nähern, aufdrängen, unerschöpflich im Erzählen sind, und dem, bescheiden schrittweise retirirenden, Hörer oder Gemahl unbarmherzig auf den Leib rücken, und ihm ihre Erhalationen aufdrängen. Das nun nennen jene Natur, Liebe, Gastfreundschaft. Nicht wissend, welch einen Luft verpestenden, abscheulichen Pfuhl sie mit sich führen, verhöhnen sie die edle Kunst und die Leiden der Selbstverläugnung, die wahre Kunst zum Wohle Anderer uns auferlegt. — Mit Recht, glaube sie, seien jüngst die Gorilla Zahnkünstler getagt, um beim Gouvernement Schutz gegen Pfuscher mittelst Examen und Diplome zu erlangen. Man solle nicht lächeln, daß gerade die Zunft, wo freilich die wenigste Wissenschaft erforderlich, zuerst im Felde erscheine, um Schutz für ihr Minimum zu verlangen, den nicht mal die

Herren der Heilkunde erstreben. Doch diese, als die auf Erden wandelnden Götter, die nur kosmopolitisch en gros arbeiten, ständen zu hoch. Sie wissen, daß mehr mit Aerzten sterben, als ohne sie. Sie könnte, wollte sie abschweifen von dem Cardinalpunkte, Schönheit und Bequemlichkeit, auch untergeordnete Punkte, in Betrachtung ziehen, wie z. B. die bessere Ernährung des Körpers vermöge leichterer Verdauung mittelst Kauens. Und diese Betrachtung mit unter anderen, wie die ist, daß Säuglinge, so lange sie der Zähne entbehren, meist wohlgenährt sind und runde Formen bieten, wie aber gerade die natürlichen Zähne nur mit Schmerzen kommen und mit Schmerzen gehn, Schmerzen aber den Körper herunterbringen, habe sie natürlich zu dem Entschlusse gebracht, allen ihren Kindern die Zähne auszuziehen zu lassen, sobald sie sich sehen lassen. Sie habe in der neuesten Zeit die freudige Genugthuung erlebt, wie die Menschenkinder der gebildeten Klasse diesen Grundsatz als Maxime adoptirt haben. Aber Feiglinge, die sie sind, umgehen sie das Ausreißen, und führen ihre Zerstörung lieber auf Umwegen herbei mittelst Conditoreien u. dergl. Dahingegen lassen sie sich den kleinen Zehen amputiren, um Hühneraugen vorzubeugen, die ihnen hinderlich sind im Gehen. In großem Maasstabe werde neuerdings ganz nach derselben Maxime verfahren unter den Menschenkindern, wenn sie Urtheile und Schlüsse bilden. Wahrnehmend, wie dann und wann der menschliche Verstand dem Irrthume ausgesetzt ist, haben sie bereits in manchen Gebieten der Wissenschaft, wie dem der Religion, um ihre Gewissen zu beruhigen, allen und jeden Zweifel, den das Denken mit sich führe, gleich im Entstehen zu tödten, den Verstand sammt Forschen und Grübeln mit Stumpf und Stiel ausgerottet und ihn als Plunder über Bord geworfen. So, denken sie, haben sie die Urwahrheit, die hoch über allem Denken erhaben ist, unversehrt erhalten. So empfinde man in der Politik, wo es doch unmöglich sei, daß jeder Laffe die Tiefen und Breiten ergründe, die Wohlthätigkeit der Erbköniglichen, Erbfürstlichen, traditionellen Weisheit, und habe längst das von Irrthümern strotzende Gebiet des Selbstdenkens aufgegeben, um es den einzelnen Geweihten zu überlassen.

Sodann legte Lady Gorilla Ohrringe, Nasenringe und Lippenringe ab, und so denn auch die schon erwähnten Brüste. Sie erwähnte, daß unter ihrem Stande mehr Consequenz beobachtet werde, als irgend einer sich träumen ließe. Habe Kultur sie belehrt, daß unter den Bevorzugten auf Erden — „und Viele sind berufen, sagte sie, aber nur Wenige sind auserwählt" — daß bei diesen Auserwählten die Hände nicht zum Arbeiten, sondern zur Anmuth, die Füße nicht zum Gehen und Stehen, sondern zur Admiration und um getragen zu werden, vorhanden, so seien Ohren, Nase und Lippen nur zur Verschönerung, die Brüste nur zur Bewunderung vorhanden. Zu oft erinneren die Ohren entweder an abgestutzte Hundsohren oder an Eselsohren, die Nase leider nur zu oft an einen rußigen Schornstein, die Brustlappen an ein wüstes Brachfeld. Und deshalb müsse die Kunst nachhelfen. Nur wenige unter ihrem Geschlechte seien mit einem natürlichen Schnurr- und Backenbarte beglückt, wie Madame Gorilla Kembeline Shnapphansky, von der indeß das Gerücht sage, daß sie eine Hybride sei. Freilich müsse der Herr Gemahl für diese Zierrathen arbeiten, um alles stets nach der neuesten Mode anzuschaffen. Allein einzig dadurch versichere er sich ja immer von Neuem ihrer Achtung und Liebe, indem er ihr täglich auf's Neue beweise, wie sehr ihm ihre Gunst am Herzen liege. Sie ihrerseits belohne ihn täglich dafür, indem sie ihm versichere, daß er der beste unter allen ihren Verehrern sei, und dafür auch der liebste. Wenn immer sie von ihrer täglichen Hauptbeschäftigung, vom Promeniren, heimkehre, und was Modernes sie gesehen ihrem Gemahl inbrünstig an's Herz lege, sie sei sicher, nächsten Tages es zu haben.

Ballen von Baumwolle, wie die Ladies sonst sie im Munde tragen, trug sie nie, da ihre künstlichen Zähne hinreichende Fülle gewährten.

Ihr Corsett hinlegend, lenkte sie die Aufmerksamkeit des Arztes darauf, daß sie es weit enger tragen könne, wenn sie wolle. Sie fühle keinen Druck, obwohl die vielen Falten der Haut darauf hindeuten könnten. Sie sei daran gewohnt. Freilich bemerke sie die untere Region des Leibes etwas voller, und wie sie gelesen, sollen die Organe im Laufe der Zeit, besonders der Uterus, stets hinabgedrückt werden. Allein der ganze Uterus sei neuerdings in den mehr kultivirten Ständen ein überflüssiges Organ und mehr zur Last als zum Nutzen vorhanden, malen ihr Stand ihn doch nie als Kinderhäuschen benutze oder bedürfe. Aufgabe des Arztes im neunzehnten Jahrhundert solle es daher sein, wahre Civilisation und Kultur darin bestehen, ihn vollends zu veröden, statt immer und ewig halbe Sachen zu treiben mittelst Abortivmittel, und so sich und das arme Gorillaweibchen in Gefahr zu bringen. Denn es bestehe noch immer das lächerliche Gesetz, von früherer, barbarischer Zeit herdatirend, als nach der großen Fluth für Nachkommen gesorgt werden mußte, daß, sobald die Einsaat anfange zu keimen, das Gorillaweibchen selbst nicht mehr Herrin ihres Körpers sei, diese Einsaat nolens volens, und sollte sie drob zu Grunde gehen, fortwuchern lassen müsse, par ordre du Mufti, und sie um keinen Preis von ihrem Körper abstreifen dürfe. Schöne Unabhängigkeit! Nicht sein eigener Herr zu sein im eigenen Hause! Wie doch die Herren Gorillas so gefühlvoll seien, wenn es darauf ankomme, ein Pflanzenleben zu retten, eine Gorillafrucht von acht, vierzehn Tagen, von einem oder zwei Monaten nicht abtreiben zu lassen! Wie sie mit Strafe und Schande das arme Weib bedrohen und ihren gefühlvollen, mitleidsvollen Freund! Aber wo es Hetzjagden gegen lebende Thiere gelte, da sehe man die Herren hoch zu Rosse prangen, und sich öffentlich der Hetze rühmen. Wo es Kriege gegen seines Gleichen gelte, da rage derjenige hoch unter allen, der seines Gleichen wie Gassenkoth zertrete, wie der Psalmsänger unter Anrufen des Allerhöchsten sich mit so warmem Gefühle ausdrücke. Aber das Gorillaweibchen soll und muß stets seiner Schwäche die Kur machen lassen und steten Schmerzen unterworfen sein, um nur keinen Theil zu haben an öffentlichen Berathungen über Wohl und Wehe seines Standes, um von allen Vergnügungen auf Bällen und im Theater, die man zuerst als Köder ihm vorgehalten, planmäßig ausgeschlossen zu bleiben. Als ob die Arbeit nicht dem Arbeiterstande, der niedern Klasse allein, anvertraut werden könnte. Man sehe sich doch nur in großen Städten um, wie es da wimmele in gewissen Vierteln, daß man an Sonn- und Feiertagen kaum einhergehen könne, ohne Gefahr zu laufen, alle Augenblicke ein halbes Dutzend solcher krabbelnden Insekten zu zertreten. Diese Insektenviertel jeder großen Stadt bewiesen die Thatsache, daß die arbeitende Gorilla ohnehin froh sei, das Geschäft zu übernehmen. Ihr Haupt-Sonntags-Vergnügen suche und finde sie eben darin. Nun man lasse ihr Werk und Vergnügen unverkürzt, und molestire mit so gemeinem Treiben nicht die Gorilla von Stande.

Ich sah dann die neueste Neuigkeit, den pannier impératrice, einen Korb von Stahl über jeder Hüfte. Zwischen beiden ragen nach hinten Polster hervor als Unterlage für die verschiedenen Puffen und

Falten der seidenen Kleider. Falsche Waden, Strümpfe, vermöge eines Leibgürtels an die Hüfte stramm aufgezogen, hohe Absätze unter den Stiefelchen, vollendeten den Anzug.

Während der ärztlichen Untersuchung selbst zog ich mich in ein anderes Zimmer zurück. Hier in meinen Betrachtungen mir selbst überlassen, schätzte ich mich denn doch glücklich, nicht der Gorilla anzugehören, auch nicht gezwungen zu sein, ein solches Gestell, solche Anhängsel, solches Drahtgeflecht zu heirathen, das, legst Du den Plunder bei Seite, nichts zurückläßt als Haut und Knochen, ein Skelett, materiell und spirituel, körperlich und geistig verdorben und verrotten, aufgetrieben und aufgeblasen von — Dünkel und Anmaßung.

Ich war überzeugt, daß was der Gorilla gewöhnlich als Leben bezeichnet, Leid und Freud', in der Wirklichkeit größtentheils in nichts anderm besteht, als dem Umherflattern um dieses ausgepolsterte Drahtgestell, das, wie durch Maschinerie, schmunzelt, lacht, weint, spricht, heult, oder auch stumm sich verhält, das steht und geht und die Glieder bewegt, wie ein Hampelmann, der seine Manövres macht, seine anziehenden und abstoßenden, je nachdem gezogen wird.

Für das arbeitet der Gorilla, sei er König oder Tagelöhner. Sein Ehrgeiz, sein Stand treibt ihn, auf das Werth zu legen, was Civilisation achtbar nennt. **Für das denkt und brütet er Tag und Nacht.** Das ist es, was seine Freude ausmacht, und auch sein Leid. **Wirkliches Leben hat längst aufgehört, Gegenstand seines Strebens zu sein. Unterdrücktes, erloschenes Leben ist Civilisation. Wo immer natürliches Leben sich kund giebt, wo Natur in ihrer Größe und Erhabenheit sich zeigt, wird sie verlacht, und sofort für Courtoisie, die Hauptkunst und Wissenschaft, ausgebeutet.** Für letztere arbeiten Tausende beiderlei Geschlechts ihr ganzes Leben lang, und sterben, ohne mal zu wissen, daß sie gelebt haben. So ist es in der Regel.

Ich begab mich fort von diesem Gorilla-Gesindel, das sich civilisirt, kultivirt, veredelt nennt. Als ich jedoch merkte, daß mein Geist sich anschickte, es mit Menschen zu vergleichen, da machte ich mich flugs daran, die Institutionen, unter welchen es lebt, ferner zu beobachten.

Die Gorilla bekennt Religion zu haben. Sie verehrt höhere Wesen. Ha, ha, ha! Welch Treiben! Was für eine Verehrung! Was für eine Religion!

Ich hatte es mir zur Aufgabe gemacht, die Religion dieser Gorilla im Ganzen und Einzelnen zu erforschen. Ich habe mich zu dem Ende nach der Theorie ihrer Religion umgesehn, habe dem öffentlichen und privaten Kultus beigewohnt, und den Einfluß auf öffentliches und individuelles Leben beobachtet. O, du große, erhabene Natur! Welche Entweihung Deiner Majestät! Welch Possenspiel, welche Gaukelei! Dem Verstande, der Krone, deren sich die Gorilla rühmt, wird nur Rechnung getragen, um— Unverstand als Weisheit scharfsinnig nachzuweisen, um Verkehrtheit, Verdrehtheit, Unsinn plausibel zu machen, auf den Thron zu erheben, Alleinherrschaft ihnen zu verschaffen. Unsinn führt den Scepter ausschließlich, unbeschränkt. Alles hat vor ihm, ganz so wie vor weiland Apis, das Knie zu beugen, und sklavisch in Wehmuth und Demuth ihn anzubeten, zu verehren, seine Huld und Gnade zu erbetteln, in stetem Bewußtsein eigener Unwürdigkeit, verächtlichen Gesunkenseins, missethatvoller, strafwürdiger Niederträchtigkeit. Das ist der Cultus, den honorirte Agenten heilig erklären. Lügen und betrügen, stehlen, rauben und morden, im Großen wie im Kleinen, sind die Werkzeuge, deren ausschließlicher Egoismus von Morgen bis Abend und von Abend bis Morgen regelmäßig und ohne Unterlaß sich bedient. Heuchelei und Schmeichelei sind die Erscheinungsweisen einerseits, ausführliche, sogenannte Rechtslehren und Gesetze andererseits. Ihre Massenhaftigkeit, so daß kein Gelehrter von Fach sie alle kennt, beweiset, wie sehr nothwendig sie sind. Und Gesetz und Recht, und Moral und Religion, mit allem Kultus und Gottesverehrung sind nichts als Modestieläppchen für den zur Schau getragenen Plunder, für verlachte Keuschheit und Reinheit, für verschleierte Sittlichkeit und Ehrbarkeit. So steht er da, der Gorilla, wie kein anderes Gethier des Feldes.

Die Gorilla in Asien, Europa und Amerika hat ihre verschiedenen Religionen. Die civilisirtesten unter ihnen erkennen heutzutage allesammt den obersten Grundsatz als Lebensprinzip an:

Du mußt glauben, Unsinn glauben, den schrecklichsten, den fürchterlichsten. Es verschlägt nichts, ob auch all die erhabenen Gesetze der Natur damit in schreiendem Widerspruche stehen. Da wo Religion gebietet, gilt kein Gesetz der Natur, kein Recht, keine Wahrheit. Sie verhöhnt Natur, Recht und Wahrheit, und glorirt in der Verhöhnung.

Auch ist das Thier für Wahrheit nicht gemacht. Es muß beständig in Ordnung gehalten werden. Das läßt sich am besten thun mittelst Religion einerseits, und einer wohldressirten Militär- und Polizeimacht andererseits. Erstere liefert den Maulkorb, letztere die Handeisen.

Nun sollte man wähnen, daß das gemeinsame Band allmächtigen Unsinns die Bekenner als Brüder vereinigen und einigermaßen in Ordnung halten würde. Doch nein! Die Canaille belügt, bestiehlt, beraubt, mordet einander von Sonnenaufgang bis Sonnenuntergang, einzeln und in Haufen, unter aller Sanktion von Recht und Gesetz, in jauchzendem Jubel, alle Tage, alle Stunden; und ruft ihre Götter dabei zum Beistand auf, den Gegner wie Gassenkoth zermalmen zu helfen. Gegner aber nennt sie jeden ihrer Brüder, der ihr im Wege steht, der ihrem Gedeihn, Fortkommen, ihrer Bequemlichkeit, Bereicherung im Wege steht. Die Götteragenten, in heilige Gewänder gehüllt, singen Loblieder mit nach oben verdrehten Blicken, während ihren verbrüderten Gorillas, die um Mitleid schreien und winseln, daß ein Stein sich erbarmen möchte, das Mark aus den Knochen torquirt wird. **Alles, versteht sich, zur Ehre Gottes!** —

Der Verband gemeinsamen Glaubens zum Unsinn hat nicht Stich gehalten. Aber wenn Du wähnen solltest, daß diese Thatsache, in Jahrtausend langer Reihenfolge sich forterstreckend auf die Jetztzeit, der Gorilla jetzt endlich die Augen öffnen sollte, auf daß sie begreifen und einsehen lernte, so irrest Du. **Daß eine Religion, eine Lehre, ein Glauben nichts werth ist, der nach Jahrtausenden im Ganzen und im Großen immer-**

fort und allüberall solche Früchte trägt: das will der große Haufe, der sich der Intelligenz rühmt, nicht einsehn, weil Bestialität und Brutalität es sich zur Aufgabe gemacht haben, gerade auf diesem Felde Intelligenz zu verbannen. Daß eben das Verhöhnen der erhabenen Natur und ihrer Lehren und Gesetze, oder schlimmer noch, das hypokritische Liebäugeln damit mittelst Bildersprache, das Einherstolziren von Unsinn und Verkehrtheit, das freche Repräsentiren naturunkundiger Lohnlakaien es ist, das wahres Gefühl für die erhabenen Wahrheiten hoher, edler Natur erstickt, und das Hochgefühl, die Hochachtung für den Bruder, für die Schwester, die einzig wahre Liebe, nicht aufkommen, nicht Wurzel schlagen läßt: das wollen sie nicht wissen. Wenn der Wahn Dich beschleichen sollte, der Gorilla, der sich von Gott bevorzugt fühlende Gorilla, sei mittelst seiner Religion zu dieser Erkenntniß fähig gemacht, während gerade die Religion und ihre Vertreter ihn unfähig machen: dann sollte Dir doch endlich an allen Ecken und Kanten, in allen Ständen, in allen Situationen und allüberall, die niedere Selbstsucht, die Gemeinheit und Verächtlichkeit in Weben und Streben, in Handel und Wandel, das ganze Treiben und Leben des Gorilla, vor die Seele treten. Dein Irrthum ist kolossal, unverzeihlich, denn Du siehst nicht mal ein, daß es einen Menschen erfordert, das einzusehen. Der Gorilla aber ist kein Mensch; ist nur Bestie.

Die Gorillas der Neuzeit denken ihre resp. Götter unentstanden, ohne Anfang ohne Ende. Du machst aber das verstandbegabte Gethier sofort wüthend, wenn Du nur die Bemerkung fallen läßt, Natur sei ohne Anfang und Ende. „O nein," schreiet es, „die muß geschaffen sein, und derowegen muß es Einen geben, der sie geschaffen hat!" „Und der Eine, der sie geschaffen hat, fragst Du, wer hat den gemacht?" — „Ah, hm!" — So bist Du ein Gottesleugner. Die Kreatur stiert wild Dich an. Du bist ein gefährliches Geschöpf, das sich untersteht, so etwas zu fragen. Ergo bist Du ein schlechtes Wesen, das ausgestoßen werden muß aus der Gemeinschaft; ein gefährliches Glied der Gesellschaft, das geflohn, gemieden werden muß, wie die Pest, wenn die Gesellschaft selbst nicht inficirt werden soll von dieser Pestbeule. Gebranntmarkt mußt Du werden, auf daß ein Jeder Dich von Weitem erkenne. Fortan wird mit Fingern auf Dich gezeigt. Und die Jugend,.

sie flieht Dich, wie den Bösen selbst. — Bejammernswerthe Bestie! Sie brüstet sich, Verstand begabt zu sein. Und die einfachste, nüchternste Frage, ein klein wenig Logik, treibt sie zur Verzweiflung, zum Wahnsinn, zur Verfolgung, zur Vertilgung ihresgleichen! Leibhafte Kannibalen! Wie weit doch steht das Gethier unter dem Menschen! Aber etwas scheint es ihm in Wirklichkeit doch abgelernt zu haben. Will es ja doch bloß seine und seiner Mitbrüder Unschuld und heilige Einfalt unversehrt und rein erhalten, zeitiges und ewiges Wohl reserviren, und, malen es sein muß, lieber ersteres — an seinen geliebten Brüdern, versteht sich — opfern als letzteres! Wie sie kokettirt, die verschmitzte Bestie! Weiß, wahrhaftig, auch schon mit Worten zu spielen, wie Unschuld und Einfalt, und gravitirt um ihren heiligen, salbungsreichen Lohnlakaien, wie die Katze um Dich herumschwänzelt, wenn Du ihr den Rücken streichst. Und er streicht charmant, der Lakai, daß die Funken sprühen.

Die Gorillas stehen mit ihren Göttern in contraktlichem Verhältnisse. Ich habe vorzüglich einen großen Stamm bemerkt, der schon früh vor mehr denn vier Tausend Jahren mit seinem Gorillagott in Wechselrapport trat. Beide, Gorilla und Gorillagott, so lehrt ihr Buch, das sie das Buch der Bücher nennen, verkehrten oft miteinander scheinbar, wie unartige, eigensinnige, eifersüchtige, ungezogene Kinder. Vor Allem ist es ein Contrakt, der zwischen beiden Parteien alsbald förmlich zu Stande kam. Der Gorillagott ließ den Gorillahaufen vorher förmlich seine Bedingungen wissen, bei deren Erfüllung er die Gorilla glücklich zu machen versprach. Die Gorilla, förmlich zur Acceptation aufgefordert, acceptirte ohne Reservation. Der Contrakt wurde am Fuße eines Gebirges in Asien abgeschlossen. Beide Parteien waren in Person erschienen. Die Gorilla in Festgewändern, der Gorillagott Majestät strahlend, donnernd und blitzend, in dampfendes Gewölk gehüllt, entsetzlich furchtbar laut die Worte redend, und die Gorilla so sehr erbeben machend, daß sie auf eigenes Verhandeln verzichtete, und sich eines Zwischenträgers bediente. Der Contrakt wurde für alle kommenden Geschlechter der Gorilla bindend geschlossen. Und selbst die noch heute lebenden Nachkommen jener Gorillas vermeinen sich deswegen daran gebunden. Wären sie Menschen, so würden sie wissen, daß solche Stipulation gegen die unveräußerlichen

Rechte verstößt, und keine Gültigkeit hat. Doch da siehst Du, es sind eben keine Menschen.

Inzwischen sind die sonstigen Stipulationen des Contrakts der Art, daß Du sie, wolltest Du von einigen Albernheiten und Schwächen absehen, für die dem Zeitgeiste und Standpunkte der damaligen Gorilla Rechnung getragen werden mag, leicht adoptiren möchtest

als erste Elementarlehre der Gesetze der Natur in ihrer Anwendung auf individuelles und sociales Leben.

Warum habt Ihr nicht fortgebauet auf dieser Grundlage? Und sie machte es doch zur Bedingung! — Ist die Kreatur bei aller Abgeschiedenheit dennoch inficirt worden von dem umwohnenden Philistergethier? Liebäugelt sie noch heute damit? „Wir werden sehen!" fährt mein Berichterstatter fort.

Das alte Buch, das diese Stipulationen mit vollständiger Geschichtserzählung, wie der Contrakt lange vorbereitet und endlich zu Stande gebracht ward, enthält, nennt sich schlichtweg „Lehre." Ohne Zweifel, eine bedeutungsvolle, empfehlenswerthe Bezeichnung. Nicht Religion, nicht Glauben will, soll es sein. Das Buch heischt Wissen, Ueberzeugung auf Grundlage der Forschung. Es lehrt. Die Lehre will Ueberzeugung, angebahnt vermöge Zweifels, Inquirirens, Forschens. Sie lehrt Institutionen für's Leben, für das Leben des Individuums, für das Leben der Societät. Als solche giebt sie zuvörderst Rechtslehren, und beginnt mit der Lehre sublimster Freiheit. Dann Gesundheitslehren, dann Lehren der Moral, der Administration, des Krieges u. s. w. Sie leitet alles von einem Prinzip her, dem sie keinen Namen beilegt, weil es einzig, also nicht verglichen, nicht verwechselt werden kann; keine Gestalt, keine Form. Was ist es, was diese Lehre von ihrem Bekenner fordert? Arbeitsamkeit, körperliche und geistige, stete, unverdrossene. Arbeitsamkeit überall. Denn die Institutionen umfassen die ganze Natur und alles Wissen. Sie schließt also gerade das aus, was Andere zur Pflicht machen, den Buchstaben-, den Autoritätsglauben, Glauben überhaupt, Stillstand. Wollte der, den Kinderjahren entwachsene, Gorilla glauben, und somit der Forschung entsagen, er würde fehlen gegen das Cardinalgesetz, und sich nicht einen treuen Anhänger der Lehre nennen dürfen. Die Lehre sucht ihren Stolz darin, die Bekenner zu vernünftigen Wesen heran zu bilden, und verheißt ihnen überall, wo auch nur geduldet, den Ruf vorzugsweis verständiger, gebildeter Wesen. Die Nachfolger sind noch heute stolz darauf. So wenig nun die Lehre ein bloßes Glauben bestehen läßt, ebensowenig f a b e l t sie von einem Jenseits, eben weil Fabelei und Träumerei außerhalb der Controle des Wissens gelegen sind. Nicht einmal das Wort dafür findest Du in der Lehre. Sie hat es ausschließlich mit dem Leben, mit dem wahren Leben, zu thun, und ist zu praktisch, als daß sie sich selbst den Boden unter den Füßen rauben sollte, das essentielle Leben aufgehen zu lassen in ein imaginäres, das eine für das andere zu opfern, das Leben in der Wirklichkeit mit dem gesammten Streben und Arbeiten sammt dem Erwerb der Arbeit heuchlerisch zu verdammen in Vergleich mit Phantasiegemälden. Daher geht sie in ihrem hohen Sinn für Wahrheit und Forschung so weit, daß sie in ihrem Rechtscoder demjenigen Lehrer, der Nichtessentielles, Unreales, Schwärmerei als Lehre verkündet, den Tod androht. Wie viele Gorillarabbis haben da heut zu Tage den Tod verdient auf Grund des Strafgesetzes derselben Lehre, als deren Repräsentanten sie sich honoriren lassen, ein Himmelreich lehrend, Lohn und Strafe dorthin versetzend, nicht essentielle, nicht reale Dinge fälschlich und lügenhaft als Bestandtheile der alten Lehre verbreitend! Doch diese Rabbis sind Bastarde, halb Fisch, halb Fleisch: bekennen die eine Lehre, liebäugeln mit der andern; erglühen für Glauben, eifern für Wissen; lieben das Diesseits mit all seiner Pracht und Herrlichkeit, möchten auch gerne ein großes Jenseits sich einverleiben; beten, das Diesseits verachtend, für's Jenseits, lassen sich aber nie bereit finden, auch nicht im allerschwersten Leiden, Jammer und Elend, auch nur eine Spanne des Diesseits aufzugeben, so lange sie es eben nur vermögen. Sind eben Hypokriten, vollkommene Heuchler. Du kennst die Jammer-Kreatur an Gang und Haltung, an Grimasse, Ton, Sprache, Aktion. D u s o l l s t s i e v e r a b s c h e u e n ; ein Gräuel sei sie Dir. Auf ihr ruht der Bann. Worte der Lehre.

Das Fundament der Lehre ruht auf zwei Ecksteinen: A r b e i t und F r e i h e i t. Aber nicht Arbeit als Last, Beschwerde, Plackerei. Arbeit als freiwillige Strebsamkeit, Arbeit als Genuß. Arbeitsamkeit des ganzen Individuums, angestrengte, und im Bereiche aller Energieen. „Magst Du zu Hause sitzen, oder draußen wandern, wenn Du Dich niederlegst oder aufstehst," Dein Streben und Suchen sei nach Arbeit. Dein Lohn, Deine Freude die Arbeit. „Deine Tennen werden sich füllen, Du wirst zu leben haben. Du wirst gesund bleiben, Krankheiten werden nicht leicht Dich befallen." Denn Dein Blut ist rein und kräftig; fortwährende Thätigkeit hält es in guter Circulation, und gewährt stets die kräftigste Reaktion gegen jeweilige schädliche Einflüsse von außen, gegen Krankheiten überhaupt. Du wirst in gutem Humor bleiben. Melancholie wird in Dir keinen Sitz aufschlagen. Denn freudiges Arbeiten, starker Appetit, kräftige Verdauung, gute Ernährung, die Todfeinde böser Laune, verscheuchen selbst accidentellen Trübsinn.

Den Zweck des Daseins sollte die Gorilla täglich mehr und mehr ersehn in dem reinen Genuß, in der hohen Freude, in dem wahren Vergnügen, das Forschen und Erkennen der Institutionen verleiht; in dem Aufsuchen und Auffinden der Gesetze des großen Alls, des Standpunktes, den die Gorilla als das begabteste aller Geschöpfe im Bereiche der Intelligenz darin einnimmt; im Firiren und Etabliren folgerichtiger, normaler Lebensregeln; und im Leben demgemäß.

Daß Studium, Erkenntniß, Adaption der Lebensregeln schlechterdings nicht möglich ist, ohne wahre, innere, aufrichtige Hochachtung vor dem großen All sowohl, wie vor den Einzeldingen, die es erfüllen — vor dem Boden, den Dein Fuß betritt, vor Licht, Luft und Wärme, worin Du athmest, vor dem Thier- und Pflanzenreiche, vermöge dessen und mit welchem Du lebst — ist selbstredend. Diese Hochachtung, sie ist die Grundlage der wahren Liebe, und unveräußerlich, ist die Liebe selbst. Wie sie nun ein integrirender Theil Deiner Thätigkeiten, Deiner Energieen ist, so ist sie also auch ein integrirender Theil Deines Selbst, Deines Daseins, Deines Lebenszweckes. Ohne sie kannst Du so wenig existiren, wie ohne Arbeit, ohne Lebensgenuß. Denke sie fort, und es mangelt ein Wesentliches. Das Leben wird ein unwesentliches, ein Unding. Daher die Freiheit, die aus dieser Hochachtung resultirt, der andere Grundpfeiler der Lehre.

Der Contrakt also, den die Gorilla mit der Gottheit vor vier Tausend Jahren schloß, stipulirt unter Pflichten, welche die Gorilla übernahm, eigentlich nichts anderes, als die ſtete Erfüllung der Qualitäten, ſtetes Aufbieten der Energieen, die des Gorilla eigene Natur ausmachen, ohne welche ſeine Exiſtenz nicht mal gedacht werden kann. Iſt es nun im Sinne eines jeden Contrakts, daß Gegenleiſtungen für Leiſtungen ſtipulirt werden, welche Gegenleiſtungen waren es, die der Gorilla-Gott förmlich als ſolche verſprach? Einfach und allein alle die natürlichen Conſequenzen, die aus dem naturgemäßen Leben reſultiren. Nenne ſie ſchlichtweg die Folgen, aber nicht anders, wie Du die Attraktion als Eigenſchaft des Magneten bezeichneſt. Nenne ſie meinetwegen Lohn. Sei aber ſofort eingedenk, daß dieſe Bezeichnung eine bildliche iſt, und zu Mißbegriffen führen kann — zu Götzendienſt, worauf der alte Gorilla anſpielte, wenn er den Weiſen zurief: „Ihr Weiſen ſeid vorſichtig mit Euren Worten beim Lehren, denn keine Irrthümer ſind gefährlicher als die großer Männer!" Mithin conſtituiren Pflichten der Gorilla nichts mehr und nichts weniger, als naturgemäßes Leben, die Exiſtenz ſelbſt, als vernunftbegabtes Thier; Rechte aber, oder Lohn den Reflex dieſer Exiſtenz als Selbſtbewußtſein und Anerkennung, Werthſchätzung, Hochachtung, Liebe. So iſt Arbeit und Freiheit zugleich Erwerb und freudiger Genuß, alſo Pflicht und Lohn zugleich.

„Du wirſt alt werden und Deine Tage füllen," heißt es, wahr wie ſchön, in jener Elementarlehre. Und ſo ſtarben die Gorillas der Vorzeit „alt und ſatt an Jahren." Ah, ſie hatten die Welt ſchön gefunden, ſelbſt wo ſie Mühſeligkeiten und Drangſal erlitten. Die ſchöne Welt dünkte ihnen kein Jammerthal. Sie ſehnten ſich nach nichts Beſſerm, Schönerm. Die Welt, die ſchöne, erhabene, glorioſe Welt, ſie hatte ſie ſatt werden laſſen. — Fort mit dem Seligkeits-Schwindel der Gorillas der Neuzeit, den nimmer ſatten, den unerſättlichen! Gieb der Kreatur die ganze, große Welt; gieb ihr Land und Meer, und Berg und Thal, und Ströme und Flüſſe; gieb ihr Licht und Luft, und Donner und Blitz, und Regen und Trockniß, und Wärme und Kälte; gieb ihr Sonne und Mond und Sterne — die ganze Pracht des Univerſums in ſeiner Mannigfaltigkeit und Großartigkeit; gieb ihr dazu, was Mineral- und Pflanzen- und Thierreich in der Tiefe der Meere, ſowie auf hohem Gebirg, in den Einöden, Steppen und Wüſten, wie in lachenden Gefilden reicher Zonen beut — und Alles, Alles ward, iſt ihr gegeben — es genügt ihr nicht. Sie verachtet, was ſie beſitzt. Sie ſtrebt nach mehr. Was sie hat, genügt ihr nicht; was sie erstrebt, weiß sie selber nicht. Und während es strebt und sucht in habgieriger Sucht und unersättlicher Gier, das Thier: da ist ihm das Diesseits entschlüpft, die große, schöne, gloriöse, majestätische Welt! — Arm und schaal steht sie da, die Kreatur, so arm und schaal, als hätte sie nie gelebt.

Freuest Du Dich nicht, Mensch, Deiner Menschenwürde? Freuest Du Dich nicht Deines Lebens im unermeßlichen Paradiese Deiner Wirksamkeit und Strebsamkeit, Deiner hohen, edlen Freuden und Genüsse? Fühlst Du nicht in Wahrheit Dich gehoben über das niedere Thier, das es erträgt, daß selbstsüchtige, hohläugige Popen die Welt der Wirklichkeiten, die gloriöse, majestätische Welt ihm rauben, und ihm dafür ein Hirngespinnst vorgaukeln, um es am Gängelbande zu führen?

Vier Tausend Jahre später hat die Gorilla in Amerika auf ganz demselben Fundamente, Arbeit und Freiheit, ein constitutionelles Gebäude errichtet. Wie im Alterthum der Baumeister eine Gorilla vorfand, die aus Sklaven bestand, so fanden die Väter der neuen Staats-Constitution auch Sklaverei, wenn gleich nur partiel, vor. Beiden Gebäuden hat die Sklaverei den Untergang gedroht. Aber während der alte Baumeister sein Gebäude aufzuführen, eben zu beginnen, verweigerte, ehe Sklaverei aufgehoben, führten letztere unbesorgt ihr Gebäude inmitten sanktionirter Sklaverei auf. Daher denn auch bald die Zwittergestalt von Freiheit und Sklaverei zum Gelächter ward. Beiden diente im Anfang die Abgeschiedenheit, die der Alte sich hatte erobern müssen: ihm die der Wüste, den Neuen die von Natur verliehene der großen Oceane. Hatte aber der alte Lehrer schon bald über den jähen Rückfall in früher'n Sklavensinn klagen müssen:

„Mit Sturmeseile haben sie jählings von dem Pfade sich gestürzt, den ich ihnen geboten. Sie haben sich ein Thier gegossen, haben es angebetet und haben gejauchzt: ‚Dies sind Deine Götter, die aus der Sklaverei Dich geführt!'"

so versäumte er inzwischen, trotz niemand in der Abgeschiedenheit drängte, keinen Augenblick, die Kriegsdrommete ertönen zu lassen, und, die Gefahr erkennend, schonungslos das Uebel bei der Wurzel auszurotten. Wie ganz anders in diesem Lande! Zuerst Liebäugelei der Freiheit mit perfekter Sklaverei. Dann, nachdem Entsittlichung bereits überall Wurzel geschlagen, Ständeunterschiede und Geringschätzung der Arbeit als Plage bereits um sich gegriffen, plötzliche Aufhebung der Sklaverei par ordre, und gewaltsames Erheben des Erniedrigten ohne irgend abäquate Erziehung. Beraubung der einen Partei, Bereicherung der andern, mittelst Liebäugelns mit der unterdrückten, indifferent gewordenen, dritten. Das sind die Früchte, die schon alsbald das Morsche des Stammes manifestiren. Und nirgend Lehre!

Ah, es war leichter, dachte die Gorilla, ohne Schweiß des Angesichts das Brod zu essen. Flugs interpretirten die bezahlten Weisen, daß das auch ganz im Einklang stehe mit dem wahren Sinn der Lehre. Denn die Lehre sei nur so zu verstehen: „Du sollst essen, bis Dir der Schweiß ausbricht." Gesetz für Popen und alle anderen Drohnen. Arbeit selbst ist Strafe, Fluch, nicht ehrbar, also für einen niedern Stand, für's Pack! Fortan nennt die civilisirte Gorilla die höhere Thätigkeit, höhere Arbeit, C o n s u m i r e n , und sieht mitleidig verächtlich stolz herablassend auf die eigentliche Körper- und Geistesarbeit herab. Und so hat sie seit lange die natürlichen Energieen pervertirt. Die natürlich involuntairen Thätigkeiten ihres Körpers, die der Verdauung des Magens und des Darms, die der Körperoberfläche, die hat sie zu prädominirend voluntairen gemacht. Für sie schafft sie in ihrem beschränkten Korallenleben, für sie wirkt sie, für sie lebt und webt sie in Denken, Sinnen und Trachten. Das kultivirt sie. So arbeitet sie, lebt sie in der That, für Essen und Trinken und für die künstliche Zierde ihrer Hautoberfläche, während der wahre Arbeiter die Entwickelung alles dessen den Naturkräften überläßt. Er lebt von innen nach außen; jene, die Drohnen, die kultivirte Gorilla, klebt und kleistert's sich von außen auf. Die Gorilla ißt nicht, um zu leben; die Gorilla lebt, um zu essen. Kriterion, die Gorilla von Stand und Bildung vom Menschen zu unterscheiden.

Und sie rühmt sich des Verstandes, die Gorilla! Und sie prahlt, Geist zu besitzen, wie kein geschaffenes Wesen! Nenne mir ein Gethier, das seinen Instinkt so verhubelt, so mißbraucht! Und die Menschen sollen von ihr abstammen, die verstandbegabten Menschen, so sagt die Gorilla. Wohlan denn, sie sollten sich was schämen!

Da konnte es denn nicht fehlen, daß für die kultivirte Gorilla, welcher der Hochgenuß schweißtriefender Arbeit fremd und verleidet ge=

worden, eine andere Arbeit, eine lohnendere, und mit ihr ein anderer
Zweck, einschmeichelnderer Art, erfunden werden mußte. Das Himmel=
reich wurde als beseligender, ewiger Freudeplatz erfunden. Die An=
wartschaft ward nicht den zur Arbeit Berufenen, sondern den „wenigen
Auserwählten" zugestanden, als Lohn für die Mühseligkeiten und Plak=
fereien für die Arbeitenden im Jammerthale des Lebens. Für alle,
so etwas zu kurz gekommen im Leben. Zu kurz kommen sie aber alle,
dieweil keiner in Freude wirkt, vermöge aller seiner Energieen, dieweil
keiner also eigentlich ein Recht hat, etwas zu erwarten. Und so hilft
der gütige Lohnlakai lehrend weiter auf dem glatten, bequemen Wege
zur Beknechtung und Sklaverei. Dieweil keiner etwas zu fordern hat,
so lautet sein Fundament, ist, was früher contraktliche Stipulation war,
heute nur pure Gnade. Und dieweil es nur Gnade ist, muß sie erfleht,
erbettelt werden — unter steter Anerkennung eigener
Unwürdigkeit, Niederträchtigkeit, Verworfenheit.

Leser, ich setze Dir ein Stoßgebetchen her, einem Gebetbuch der
Gorilla entlehnt, auf daß Du begreifst, wie das Gethier mit seinem
Gotte verhandelt.

Lieber Gott, gieb mir Kinder! (Die Fratze sieht in der
That dabei so ernst aus, als ob Gott in Wirklichkeit beider Geschlechter
Sexualorgane direct auf den rechten Weg zu leiten und das Werk
beglücken zu lassen aufgefordert werde.) Weiter: Sollte ich
aber zu schwach im Mutterkreuze sein, und viele
Schmerzen auszustehen haben, so gieb mir lieber
keine. (Sehr zu entschuldigen. Lediglich Selbsterhaltungstrieb. Das
Hemde ist einem näher als der Rock.) Weiter: Obwohl Kinder
zum Glück der Ehe beitragen, (Gorilla weiß dem Herrn
ihre Argumente klar zu machen), so verzichte ich und ertrage
mein Schicksal, (hübsch demüthig), überzeugt, daß Du
in Deinem unendlichen Rath, in Deiner ewigen
Weisheit, es so angeordnet. (Welche Bescheidenheit, welche
Demuth! Wie charmant weiß Lady Gorilla dem Herrn eine Schmei=
chelei zu sagen!) Weiter: Derowegen, wissend, daß kurz=
sichtig die Sterblichen sind in Rath, und oft zu
ihrem eigenen Verderben gereicht, was sie wün=
schen, will ich abstehen von Wünschen. (J, das empört

mich! Wenn das Thier das wußte, warum hat es nicht von Anfang an sein ungewaschenes Maul gehalten? Will auch noch bescheiden thun, noch wehmüthig und demüthig zu guter Letzt!) Zum Schluß: Herr, es geschehe Dein Wille, wie Du allein es für gut befunden im ewigen Rath! (Glaub's auch! Wirklich? Ewiger Rath! Um — einen Gorillabalg! —)

Wo wäre ein Mensch zu finden, ungebildet, wie er auch immer sein mag, der nicht erröthen würde ob solchen Hanswurstgeplappers. Die gebildete Gorilla sieht und weiß das auch gar wohl. Aber sie mit ihrem Lohnlakaien und Gorilla=Bamboozle machen blos mit, um den dummen Arbeiter hübsch zahm und in Ordnung zu halten. „Kanaille braucht nicht zu denken, fühlt sich wohl, wenn sie ihren Götzen, den selbst fabrizirten Klotz, anbetet, und der sie erhört." Daß er aber das hübsch gnädiglich thut, dafür sorgt der Lohnlakai. Mein Liebchen, was willst Du noch mehr? —

Einmal auf dem Wege, ein neues Gebäude aufzuführen, das, basirt auf Träumerei, der unendlichen, der vagsten Einbildungskraft Eingänge und Ausgänge offen halte, und den körperlich Thätigen dem Denken überhebe, den im Bereiche naturgemäßen, folgerichtigen Denkens Thätigen der körperlichen Arbeit, hielt es nicht schwer, für's Himmelreich auch eine Seele aufzufinden, und für die Selbstständigkeit dieser einen Körper zu fingiren, seellos, energielos. Dieses alles besitzt nun das Gorillagethier, und zwar mutterwinzig allein in unermeßlicher Bevorzugung vor allem sonstigen Gethier des Feldes. Dasselbige muß sich daher von Herrn und Lady Gorilla mit „Instinkt" abspeisen lassen. Würde ja sonst auch eine Seele beanspruchen, vielleicht gar auch auf Plätze im Himmelreich vigiliren. Da nun aber niemand, der noch ein Atom Verstandes besitzt, auch nur entfernt wähnen kann, daß Bestien, wie Affe, Rhinozeros, Sau und Esel, Laus und Floh, denselben Anspruch auf's Jenseits haben könnten, wie ein liebevoll lallendes, schwarzes oder rothes Gorillabäbchen, so folgt in logischer Klarheit, daß eben jene keine Seelen haben, daß sie vielmehr bloß zum Absterben und Verrotten geschaffen worden. Somit kann selbstredend alles Denken und Ueberlegen, all der Geist und Scharfsinn, all das Gefühl und all der Willen und Vorsatz und Entschluß, den Du bei Bestien, wie Elephanten und Pferden und Affen und Hunden findest, nur auf Rechnung der glück=

lich erfundenen Qualität „Instinkt" gesetzt, nie aber auch nur mit dem Lallen eines Gorillabäbchen verglichen werden. Für das Lallen eben ist schon die Ewigkeit; und sollte das Gorillababy todt dem Mutterschooße entschlüpfen, es hat die Ewigkeit — denk', ewige Fortdauer!—

Es mag vielleicht überraschen, wahrzunehmen, daß in der That dreifach die Verbrechen waren, die geübt wurden, indem die alte Lehre gewaltsam aus ihren Angeln gehoben und faktisch Preis gegeben ward. Und doch scheint es kaum einem Zweifel zu unterliegen, daß die Gorillaführer kaum das gewollt, ja vielmehr die alte Lehre fester zu etabliren vermeinten. Aber indem sie bloß eine Seite der Lehre, die Moral, kultivirten, alle anderen, vielleicht eben weil bereits vorhanden, vernachlässigten, jene eine aber für die ganze Lehre selbst ausgaben oder glauben ließen, und einer gefährlich schlüpfrigen, entstellbaren Bildersprache sich bedienten, in elastischen, viel deutbaren Parabeln sprachen, ergingen sie sich in Schwärmereien, in Extremen, die gränzenlos abstachen von der Einfachheit und Wahrheit, von Gehalt und Lehre. Dabei ihre eigene Persönlichkeit stets vorschiebend, sei es in unheimlich ängstlicher, berechnender Beweisführung der Abstammung, oder mittelst charlatanähnlicher Marktschreierei und jongleurartiger Kunststücke, um die Blicke der gaffenden, ungebildeten Menge auf sich zu ziehn — Dinge, die von vornherein jeden Verstandbegabten anwidern, und Ekel erzeugen — verflechten sie allüberall ihre Persönlichkeit mit der Sache. Ein Unterfangen, was in diametralem Widerspruch steht mit der alten Lehre selbst.

Das erste der Verbrechen ist gegen die Lehre ewiger Wahrheit selbst, gegen die Wahrheit ewiger Naturgesetze.

Das zweite Verbrechen ist gegen das Leben, gegen Bestehn und Wirken im All, als Mittel und Zweck.

Das dritte Verbrechen ist gegen Leben und Streben.

Und willst Du Dein Auge nicht gewaltsam schließen à la Gorilla Bamboozle und sein Canon, so gewahrst Du bald noch ein **viertes Verbrechen**, resultirend aus den anderen: **das Vorgaukeln**

von Etwas als Wahrheit, als Lehre, was dem Gaukler
selbst nicht verständlich, nicht klar, weil außer dem Bereiche des Wissens
gelegen. Mittelst dieser Gaukelei aber Verleitung zu knechtischer Skla=
verei, zu ehrloser Selbstverachtung, entwürdigender Selbstverdammung.
Nun sieh' und vergleiche die Satzungen des alten Rechtscoder, den
Paragraphen des Gesetzes, der Lehre.

Die härteste der Todesstrafen ruht auf solchem
Verbrechen. —
Und sind das etwa keine Verbrechen, die den Verstand, den edlen
Stolz, die Würde, die Hoheit der Kreatur, unter die Füße treten, sammt
ewiger Wahrheit und Freiheit, und schmachvolle Abgötterei lehren?

Die Lehre: Zweifeln, Forschen, Erkennen, alles
das ward aufgehoben, verpönt. Statt dessen gab's fortan Glauben.
Einen Glauben, der haarsträubenden Hohn entgegengrinst aller und jeder
Naturwahrheit; der da fordert, daß ein Unding als Ding, Unsinn als
Sinn, Wahn als Wahrheit, Phantasie und Gaukelei als Wirklichkeit
betrachtet, angebetet, knechtisch verehrt werde; der später forderte, daß
verbotener Umgang als geheiligt, Laster als Tugend, Unkeuschheit als
Keuschheit, offenes Mißachten des Gesetzes als sublim legitimes Han=
deln angegafft werde; fordernd, daß der Sehende blind, der Wissende
unwissend sich stelle. Und alles Das als Basis eines Götzendienstes
mit Unsauberkeit und Unflätigkeit in der Wurzel.
Auf daß keiner es wage, des Unflaths auch nur zu gedenken, wurde
später ein Cordon gezogen, der den Unflath selbst frech für Unbe=
flecktheit und Keuschheit erklärte und als Glaubens=
artikel stempelte. An den Verstand selbst aber erging das
Gebot, bei Gefahr von Seele und Seligkeit, zeitiger und ewiger Ver=
dammniß, nicht weiter über diese Satzung hinaus zu
denken, ja nicht, bei Leibe nicht! — Daher Gorilla Bamboozle denn
diese Satzung festhält, umklommen mit beiden Klauen. Kanonische
Religion, lehrt er, muß geglaubt werden, und philosophische gleicher
Weise. Daher berühre beide nicht, und stolpere weiter, Sklave! Gut
für Gorilla Bamboozle's kultivirtes, civilisirtes, neunzehntes Jahr=
hundert! So viel für die Basis.

Für die Entwickelung und Aufschließung der Lehre, sit venia verbo,
gilt Arbeit als Mühe und Plage, gilt Leben ein Jammerthal, gilt

Erwerb vermöge Arbeit als verächtliches Gut. Wahren Lohn giebt's nur im Jenseits. Was das Jenseits ist? Weiß nicht! Viel Wissen macht Kopfweh. Was für Lohn dort ausgetheilt wird? Weiß nicht! Alles, was ich weiß, sagt die neue Lehre, ist, daß eigenmächtige Wahl und Gutdünken des Gorillagottes ihn ausmißt zufolge der Marime: „Nur Wenige sind auserwählt!" Somit kein Anklang an die alte Lehre, an Recht; keine Harmonie mit dem Leben und Streben auf Erden. Disharmonie überall, überall Widerspruch, mit Leben, Streben, mit Wirklichkeit, mit Wahrheit. Hirngespinste, Phantasiegewebe, Luftschlösser anstatt Stabilität, Wirklichkeit, statt Wahrheit, Leben, Streben, statt Lehre, Natur, Naturgesetz. Du begreifst nun, Leser, warum die Gorillapopen so künstlich schlau, heilig und hehr, die Marime, den Canon:

„R ü h r' u n d r ü t t l e n i c h t d a r a n!"

als den allerheiligsten betrachten. Bist Du so recht tief im Grunde gläubig, so darf es Dir nicht mal schwanen, daß irgend Etwas faul sein könnte im Staate. So bist Du selig! — Konnte es fehlen, daß bei dem Gethier der Zweifel, das hehre Streben nach Wissen und Erkennen, ja, daß selbst die Wahrheit im Bereiche der Natur, das Auffinden ewiger Naturgesetze, verhaßt, verpönt, verfolgt war, wie die Pest, schonungslos und mit Wuth verfolgt, mit Tortur und jeder erdenklichen Qual?

Und das Leben? War doch Erwerb, Besitz bejammernswerth. War doch aber und ist Jeder, der Arme wie der Reiche, täglich bestrebt, ja gezwungen, zu erwerben, zu besitzen, zu sparen! Waren und sind doch die Besitzenden, die Großen, die Böcke! Und strebt nicht Jeder zu leben, sein Leben zu verlängern, wo möglich sogar von Krankheiten zu genesen? Steht da nicht der Pope stets voran mit solchem Erempel, was Hab und Gut betrifft, und das Festhalten am Diesseits, anstatt zufolge der Lehre die Krankheit als sichersten Führer, als den geliebten, lang ersehnten, immer willkommenen Vorboten des Todes liebkosend zu umarmen, und alle Lieben auf Erden aufzupacken und mitzuschleppen, nach dem gottvollen Juchheda? — Ward nicht das Leben selbst gewaltsam aus Rand und Band von allem Fundament losgerissen? Und wofür! Um das ganze Hiersein, das ganze, wirkliche Dasein, für ein chimärenhaftes Anderes, für ein eingebildetes Außerweltliches, phantastisch Uebersinnliches, fortzuschleudern, für einen kindischen Firlefanz, für einen Juchhedataumel. Purer Schwindel.

Und Dein Hauptwerk hier, wenigstens die größere Hälfte, neun Zehntheile deines Thuns und Wirkens und Sinnens und Treibens? S t e t e s   W i n s e l n   u n d   W e d e l n   i n   D e m u t h   u n d   W e h m u t h ,   u m — G n a d e ,   G n a d e ,   G n a d e! — Hast Du die, so hast Du Alles. Das ist des Pudels Kern! All Dein Handeln kann sie nicht erwirken. Frei wird sie verliehen, nur den Erkornen. Du mußt bitten und betteln, winseln und wedeln, und in Demuth Dich auflösen, in Sack und Asche gehüllt; ewig Deine Unwürdigkeit vor Augen, Deine Verworfenheit auf den Lippen, Deine Niederträchtigkeit im Herzen, Dein Sündenbekenntniß auf der Zunge mit Dir umherführen. Denn da droben wird Gericht gehalten, wenn Du vermodert sein wirst, nicht bloß für alles, was Du gethan und gelassen, sondern auch für das, was Deine Erzeuger in Denken und Handeln im Mutterleibe Dir vererbt, Deinem Blute eingeimpft haben. Danach wird ewiges Leben oder Verdammniß, Degradation, verhängt. Nach ersterm sollst Du streben. Derowegen sei brav und gut, und dem Sonnenstäubchen ist ewige Fortdauer sicher! Süße Maccaroni für's Baby! Nur mit dem Unterschiede, daß das Baby weiß, was es hat, der Gorillastrolch aber nicht weiß, was ewiges Leben eigentlich ist oder darbietet. Ist es eine Ewigkeit in Singen und Beten? Ist es die Freude, alles Verborgene sofort im Lichte der Wahrheit zu erkennen? Wie langweilig dann die lange Ewigkeit, nachdem Erkenntniß so Knall und Fall Dir geworden! — Oder ist es ein ewiges Forschen und Studiren? Warum denn nicht lieber hier beginnen und stets beharrlich darin fortfahren, statt Zeit tödenden Singsangs und unwürdigen Bittens und Bettelns? — Handle, auf daß Du der Strafe im Jenseits entgehest. Laß deshalb stets Furcht und Schrecken vor der fürchterlichen Strafe einerseits, und süße, überschwengliche Sehnsucht nach Nieaufhören Deiner Individualität andererseits, alle Deine Schritte leiten. Sind das nicht jammervolle, elende Motive? Freilich, gut genug für die gemeine Kreatur! Sollte aber denn doch nicht so frech sein, auf Bildung, Erziehung, Ehre und Ehrbarkeit Anspruch zu machen. —

Neben allem Dem mußt Du nun noch stets eingedenk sein, daß Du,

Du magst wollen oder nicht, wissentlich oder unwissentlich, alle Augenblicke sündigst, alle Augenblicke und stets von Neuem ein Criminalist, eine todeswürdige Canaille bist, und daß Du schon das als Gnade zu betrachten hast, daß Dir im Jammerthal zu leben verstattet ist. Dafür danke denn, preise, bete, lobsinge, und bettle um gnädige Fortsetzung. — So also, eigene Unwürdigkeit und Schurkerei stets vor Augen, der angeerbten Erbsünde Dich bewußt, da Du noch unfertig und ungar im Mutterschooße weiltest, hast Du, Unflath beladen, wie Du dastehst, Dich zu überzeugen, daß es lediglich und allein die Intervention eines Andern ist, die Dir das gnadenvolle Recht erwirkt hat, in Sack und Asche gehüllt, kriechend, heulend, winselnd und wedelnd, um Gnade flehn zu dürfen, das Recht, im Gefühl eigener Schande und eingefleischter Niederträchtigkeit und Schurkerei, die Brandmarke an der Stirne, e w i g b e t t e l n z u d ü r f e n. — —

Wahrlich, es bedarf eines Gorillamagens, solch Futter zu verdauen, und der ganzen Unverschämtheit und Frechheit des großnasigsten Strolches aller Strolche, s i c h v o r M e n s c h e n s e h n z u l a s s e n, magst Du den Unsinn nun canonisch-transcendental, oder philosophisch-supernaturalistisch, wie immerhin Gorilla Bamboozle es beliebt, taufen. Und er eifert, versichert er, für Freiheit! Und er eifert, sagt er, gegen Beknechtung! O, Heuchelei, o Schmeichelei! Doch er weiß, daß es Schafe sind, zu denen er redet.

Bitte, lieber Leser, sei nicht ungeduldig, fasse Dich. Sagte ich Dir doch gleich in Anbeginn, daß das Gorillagethier allerdings des Verstandes sich rühme, und sich in die Brust werfe, wenn es von seiner eigenen Kultur prahlt; daß es aber in der That die Natur repräsentire als leibhafte Fratze.

Du hast nun bereits einiges von der Fratzenhaftigkeit vernommen, doch bei weitem nicht ein Zehntheil von der ganzen Erbärmlichkeit und Lächerlichkeit. Laß es weiter vor Dich treten und sich ganz entfalten in all seiner Herrlichkeit und Großartigkeit, das Gorillathier.

In ihrem ewigen Grundgebälk aufgerüttelt, u m g e m o d e l t, war somit die alte Lehre. Lehrte die alte: „Du bist von Staub, und kehrst zurück zu Staub!" u n d n i c h t s w e i t e r, so lehrte die neue: „Nur halb bist Du von Staub, und die Hälfte kehrt allein zu Staub zurück, die andere Hälfte geht nach Oben." Die Krone der Kreatur trug nicht mehr Forschung und Ergründung der ewigen Gesetze der Natur — Verstand — sondern stabiler, fertiger Glaube. Die Werthschätzung und Hochachtung aller Wesen als gleichberechtigter, sie konnte fortan nicht die wahre sein dort, wo eigene Unwürdigkeit und Verächtlichkeit die moralischen Grundbedingungen des Lebens und Strebens waren, wo Prädestination eigenmächtig die Wahl getroffen. Daher statt der wahren Liebe eine bloße Duldung oder Mitleid. Der so modellirte Glaube war der Tod der Lehre, der Tod im Leben, Stillstand, Tod, Moder, selbst im Streben. Der Glaube selbst war krasser Götzendienst. Was er forderte, war Sklaverei, körperliche wie geistige, die entehrendste, die empörendste Sklaverei. Aber die Kreatur, Bequemlichkeit liebend, in Trägheit versunken, der Faulheit fröhnend, fühlte nicht die Entwürdigung.

Gorilla ließ sich den Glauben von wohlbezahlten Lohnlakaien anpassen, bequem machen, nach Höhe und Tiefe individueller Bequemlichkeitslust. Der Lohnlakai, eingedenk des Sprüchleins: „Eins paßt nicht für Alle!" mit dem Maaßstabe in der Tasche, und der verschmitzt klugen, liebevoll bemitleidenden Salbung auf dem Antlitz, mißt jeglichem Individuum sein Stück Seele und Seligkeit, sein Leid und Freud' da droben im Himmelreich zu, und für sich selbst, Demuth zerfließend, das Erdenreich.

Die Gorilla berichtet nun, wie ein Anhänger der alten Lehre es gewesen, der, zwar von einem Weibe geboren, aber von keinem Manne gezeugt, als Lehrer der alten Lehre sich aufwarf, und sie in solche Capillarkanäle ableitete, daß von der strotzenden Fülle der Quelle selbst nichts übrig blieb als Dunst und Nebel. Wie oben erwähnt, hatte der Rechtscoder der „Lehre" solchem Lehrer, der Unreales, Unwirkliches, Nichtessentielles, Hirngespinnste statt Wahrheit und Wirklichkeit lehren würde, Todesstrafe angedroht. Wir haben gesehn, daß dreifach und vierfach die Verbrechen waren, die geübt wurden. Wir haben uns überzeugt, sagen die alten Gorillas, daß eben das Erdreich selbst den Bekennern unter den Füßen fortgezogen ward, daß der Reformator, nein, der wollte er nicht sein, der Bußprediger, **die Kreatur baumeln und taumeln ließ, zwischen Himmel und Erde, all ihr Lebelang**, und daß das unmöglich der Existenz entsprechen konnte, die der Herr der Schöpfung beansprucht.

Die Todesstrafe wurde verhängt auf Grund bestehenden Gesetzes nach stattgehabter Untersuchung. Und, setzt leise mein Berichterstatter hinzu, bedürfte es jetzt noch eines fernern Beweises für die Aberration der Lehre, Du wirst ihn leicht erspähen, wohin auch immer Dein Blick streift, im Leben, Weben und Treiben der heutigen Gorillastämme, die nach jenem Lehrer ihren Glauben, ihre „Religion" bekennen. Leser, Du findest es dargestellt in diesem Werkchen. Und obgleich schon achtzehnhundert Jahre nach Jenes Tode verflossen sind, und die sogenannte „Religion der Liebe" mit Feuer und Schwert und Tortur, oft in kannibalischer Wuth, nicht minder unter Kniffen und Ränken und List und Heuchelei verbreitet worden; wahrlich, wahrlich, Du darfst nicht sagen, daß auch nur eben der Anfang gemacht sei für ein normales Leben, sei es des individuellen oder des socialen. — Wolltest Du aber gar der Maxime das Wort reden: „An den Früchten sollt Ihr sie erkennen!" Du würdest unbefangen zugestehen müssen, die Religion taugt nicht, ist effektiv für nichts gut, es sei denn, um auf Umwegen, vermöge Wahns und Irrthums, zur Wahrheit zu gelangen. — Wenn die Thatsachen, wie sie vorstehen, nicht genügende Beweise in Theorie und Praxis Dir geben, so werden die folgenden, die das Leben und Streben der Gorilla darstellen, im Ganzen und Großen, sowie im Einzelnen und allüberall, sicherlich nichts ermangeln lassen. Doch das Thier trottirt einher, wie wenn es Klappen trüge vor Auge und Ohr. Es will nicht sehen und nicht hören, in, möcht' ich sagen, aborigineller Denkfaulheit, in Genußsucht und Frechheit, und verachtet Untersuchung à la Gorilla Bamboozle. Gleich ihm erfrecht es sich, Verstand Anderen zu predigen, Andere dem Gelächter und Spott Preis zu geben! —

Hätte selbst der Straf- und Bußprediger die große „Lehre," welche eben alle Energieen des Geschöpfes in ihrem Verhältnisse zur Welt zum Gegenstande hat, rein geopfert und aufgehn lassen in seinem beengten Gesichtskreise für Straf- und Bußpredigten, und diese als Quintessenz der „Lehre" betrachtet, so möchte er einige Entschuldigung darin finden, daß eben jene vermeintlich es waren, die damals vor Allen Noth thaten. War doch die „Lehre" selbst als Fundament einmal vorhanden, und sollte es auch bleiben, sollte noch mehr, noch fester stabilirt, sollte erfüllt werden, wie er meinte. Wie ja auch mancher Buß- und Strafprediger lange vorher, der als Seher ungleich höheren lyrischen Flug erspähte, die Harfe weit kunstgerechter meisterte, auf demselben Felde groß und größer dagestanden hatte. Indem er aber seine Philanthropie, seine Abstrakte, zu Ercessen trieb, in diesen Ercessen verblendet lebte und webte, entschlüpfte ihm, das Ei in der Hand, die Henne. Und darin, daß er das Leben sammt dem Geschöpfe der „Lehre" entriß, oder die „Lehre" des Geschöpfes beraubte und des Lebens, darin, daß er solches betrieb, solches sein Unterfangen war, bestand sein Vergehen. Dafür, nicht für Straf- und Bußpredigen, nicht für halbwahre Parabeln, nicht für Teufelsaustreibungen, nicht für Wunderthaten, erlitt er die Strafe des Todes auf Grund etablirten Gesetzes, das er selbst für heilig erklärt hatte. —

Niemand nahm Anstoß daran. Das Recht hatte seinen Verlauf gehabt. Das Gesetz war gesühnt. Kaum daß ein Geschichtsschreiber der damaligen Zeit seinen Namen erwähnt. Siehe, da erspäheten Gorillapopen Jahrhunderte später Aehnliches, was Hunderte von Jahren früher ebenfalls eine Klike von solchem Geschmeiß unter dem Gorillafürsten Josiah praktisirt hatte. Diese nämlich, wohlerwägend, daß sie gerade jetzt, während sie Ueberwasser hatte, für eine gute, lange Weile ihre rivalisirenden Popen daniederhalten würde, falls sie, schwarz auf weiß, mit einem Dokumente auftreten könnte, das ihre Lehre bewiese, erschien urplötzlich mit einem solchen vor dem Fürsten Josiah und sagte: „Das haben wir gefunden!" Und der König erkannte die alte „Lehre," die so lange verloren gewesen war, (!) zerriß seine Kleider, und verbreitete Kunde im ganzen Lande. Ein Gorilla-Schwindel! Siehe und erkenne da den ganzen Beweis für die Aechtheit der alten „Lehre", der Basis des neuen Testaments! Welche Basis! — Nicht anders, aber ungleich intrikater, spielten die späteren Popen, nachdem ihr Meister Jahrhunderte tot war. Sie legten ein Buch zu Grunde, das neuerdings fabrizirt worden war. Das Buch ist voll von Widersprüchen, voll von unverständlichen Phrasen, voll von Albernheiten. Demnächst schmiedeten sie so recht eigentlich ein Gewand von Einheiten und Mehreinigkeiten zurecht, mit dem ausgesprochenen Beschluß, hinführo das als wahren Glauben für des Meisters Lehre auszugeben, und das Publikum daran glauben zu machen. —

Fortan hat die Gorilla keine „Lehre" mehr. Sie hat Glauben, genannt Religion. Obenan steht der Glaube an zwei allgewaltige Götter — Dualismus. Ein Repräsentant des Guten, d. h. aller solcher Dinge, welche die verschiedenen Gorillastämme jeweilig für gut halten, genannt Ormuzd — Gott. Ein anderer Repräsentant aber für's Böse, d. h. für Alles, was ihnen nicht recht zusagt in ihrem Kram: mal Regen, mal Sonnenschein, mal Hitze, mal Kälte — genannt Teufel — Arihman. Gorillagott ist jedoch stärker als Gorillateufel, läßt aber letztern, der oft Audienz bei ihm hat, gehn und Kurzweil treiben mit den Gorillas, sie plagen und schinden. Obwohl Gottes Sohn ihm längst das Haupt zertreten haben soll, spuckt der alte Junge dennoch immer recht lustig umher; und obwohl der Herr einstens eine Masse Teufelchen in die Säue jagte, sind doch noch so viele Sprößlinge des Alten zurückgeblieben, daß sie das Gorillathier mehr plagen, als Haufen von Bandwürmern je thun könnten.

Sodann folgt der Glaube an drei Einzelgottheiten, Trinität: Gorillagottvater, Gorillagottsohn, Gorillagottheiligergeist: Mit diesen dreien verkehrt der Pope wie der Mann mit dem Guckkasten. Guck' hinein, so sind es drei. Dreh' ein Wenig, so ist's Einer. Dreh' wiederum. Da sind's zwei. Hab' ich denn in all meinem Leben so was Praktisches gesehen! Macht's wie immer es ihm beliebt, und sieh' da, es glückt immer! Bombenfest behauptet nunmehr die Gorilla mit eherner Stirne, daß sie an nur einen Gott glaube. —

Sie läßt Dich in den Guckkasten sehen. Fürwahr, da steht Einer! Theorie und Praxis stimmen, Experiment beweiset. Welch' ein Guckkästner! Gorilla fällt in Nöthen, hat ein Anliegen, fühlt sich gedrückt, hat Leibkneipen, Bauchgrimmen, auch noch einige, etliche, sonstige Wehen und Schmerzen: Gorilla fühlt lebhaft, daß Fürsprache von Nutzen sein dürfte. Der Guckkästner kommt mit seinem Guckkasten. Er dreht. Siehe, da sind zwei! Gorillagottsohn, sitzend zur Rechten des Vaters, legt Fürsprache ein. Glaub's nur, weiß es der liebe Himmel, zwei separirte Individuen! Du begreifst nun endlich, wie unter Umständen arithmetisch genau eins so viel bedeutet wie zwei und drei, und drei so viel wie eins. Das heißt, so besteht's zu Recht im

Glauben, verstehe wohl. Im Geschäftsleben? Ja, ja, halt Gorilla ja nicht für so erschrecklich stupide, läßt sich keinen Finger in den Mund stecken.

Dann kommt der Glaube an Frau Joseph, des heiligen Geistes Geliebte, als jeweilige Fürsprecherin in weiblichen Angelegenheiten und Nöthen. Auch heilig!

Glauben an eine Masse sonstiger Halb- und Ganzheiliger, ebenfalls brauchbar zum Vermitteln.

Alle diese zusammen magst Du als den Hof ansehen da droben.

Glauben an Himmel und Hölle. Wichtig, wie wir gesehen, um Ruhe und Ordnung zu halten und Unterwürfigkeit! —

Glauben an ein Fortleben, nachdem Gorilla mausetodt gestorben und verdorben.

Glauben an ein förmliches Gericht da droben mit förmlichem status caussæ et contraversiæ, mit Instruktionen, Deduktionen, Defensionen, Argumentationen über alles und jedes, was jegliches, auch das imperlichste', Gorillakreatürchen geahnet, gemuthet, gedacht, gefühlt, gewünscht, gewollt, geglaubt, gewähnt, geträumt, fingirt, gethan, oder auch nicht. Alles natürlich verhandelt nach der Kulturstufe der Gorilla, nach Alter, Sitte, Gewohnheit, Brauch, zufolge der Maxime: „Ländlich, sittlich!" Gültig auch droben als Statutar- und Provinzialrecht.

Das Leben hiernieden ist eine Qual, bloß eine Prüfung für Gorilla. Zwar weiß Gorillagott Alles, bevor es mal jung wird; prüft aber doch gerne. Hat unbedenklich seine Gründe. Und wer wollte ihm sagen: „Was thust Du!" — Die Erde ist ein Jammerthal, miserabel, bloß ein Provisorium. Denn Gorilla ist für die Ewigkeit bestimmt. Und wenn Sonne, Mond und Sterne, und Berge und Thäler, und Länder und Meere vergehn, und Zeiten und Räume aufhören zu sein; die Gorilla ist für die Ewigkeit bestimmt. Für die Ewigkeit, wenn selbst noch ungebacken, ungar im Mutterleibe, oder halbfertig außerhalb. Für die Ewigkeit der Taub-, Stumm-, Blind- und Verrücktgeborne. Für die Ewigkeit der Cretin. Für die Ewigkeit die pralle, feiste Gorillabauernmagd, die ihr Lebelang nichts gedichtet und getrachtet als die Kuh zu melken und den Stall zu misten. Für die Ewigkeit der Gorillabonze, der, außer seinen Wanst zu pflegen, stets nur Bedacht nahm, hinter stillen Klostermauern das Reich seines Gorillagottes zu mehren. Für die Ewigkeit das lebelange Brüten und Wühlen, und Sorgen und Mühen, und Austifteln von Plänen und Anschlägen, lediglich um — Geld zu machen für Häuser und Bequemlichkeiten, für hübsche Kleider und Geschmeide, für Bälle, Theater, Badeplätze, um zu glänzen, angeglotzt, angestaunt, bewundert, beneidet zu werden. Für die Ewigkeit der Gorilla-Offizier und Unteroffizier, der stets beflissen gewesen, unterthänigst Majestät zu dienen, und Gorilla-Knebel einzuererciren, jetzt aber, Schulmeister geworden seiend, majestätisch-gravitätisch den Katechismus der Gorillabrut einbläuet. Für die Ewigkeit der Heilkünstler, der dreißig Jahre auf Erfindung eines Hühneraugenpflasters gebrütet hat, und nun dreißig andere Jahre, die patentirte Erfindung auszubeuten, marktschreierisch wie Gorilla Bamboozle mit seiner Zeitung, die Welt durchreiset. Macht sechszig Jahre im Ganzen. Für die Ewigkeit der Jurist, der sein Lebelang zugebracht, um den Text eines antediluvianischen Coder über Statutarrechte modernen kamtschabalischen Zuständen zu adaptiren. Für die Ewigkeit der rothhäutige Nomade mit kunstgerechter Skalpirfertigkeit; und der in der Sonnenhitze sein Fell bratende afrikanische schwarze Gorilla. Für die Ewigkeit der Scharfrichter, der sein Lebelang, um dem Gesetze zu genügen, die Häng- und Köpfkunst studirt und professionsmäßig betrieben hat. Für die Ewigkeit der Narr, der Hanswurst, der Wahnwitzige, der Hypokrit.

Wenn der „Gilgul" — die große Wälzperiode — besseres Wort für Auferstehung — dereinst mal losbricht, und am Ende der Polarjahre unter den Eisbergen der Pole die Recken und Hünen der Vorwelt ihre ungeschlachten Glieder zu recken und zu rütteln und zu wälzen beginnen: ich möchte in Wahrheit das Aufmarschiren sehn zum Himmelreich, wie sie in nie endenden Colonnen gravitätisch aufsteigen. Muß prachtvoll sein die Auffahrt. Wer zählt die Völker, nennt die Namen, die alle dort zusammenkommen, da droben im Hause des Vaters, wo, fürwahr, viele Gemächer sein müssen. Fürwahr, fürwahr! Möchte dann das Gorillagesindel auch mal sehn da droben, wie es in seliger Seligkeit die Heiligen umflattert, in siegesstolzer Bewegung. Hat doch auch ihre gemüthlich schöne Seite, solch' Gorilla-Religion. Hat doch auch gar Manchen schon beglückt, manch' trübe Stunde erheitert, manch' Elend gelindert, manche Thräne getrocknet, manch' hartes Scheiden erleichtert.

Denn, unter uns gesagt, lieber Leser, der Gorilla verläßt die Seinen gar nicht gerne, die Lieben, das Diesseits, so viel duftende Lockspeise Du auch dem Gethier unter die Nase hältst. Ist einmal so construirt. Kann's, mag's nicht ändern. Und dann — alte Gewohnheit, du weißt ja. Und wahr bleibt wahr: scheiden ist bitter, scheiden, ja, scheiden thut weh. Verarg's ihm nicht, bitte.

Denk' auch nicht, Gorilla sei so dumm, zu glauben, daß jedes unvernünftige Pänzchen, jedes lallende Niggerchen, jeder stoffelige Sauhirt, jedes hirnverbrannte Nönnchen und Mönchchen, and wäre es selbst die harmonischste Vereinigung, für die Unendlichkeit præ ceteris animalibus befähigt wäre. O nein, so dumm ist Gorilla nicht. Aber er ist überzeugt, daß sein Herrgott für alle jene halbfertigen, unfertigen, mißrathenen, verkrüppelten Seelen und Seelchen, wie aus den unvernünftigen, vor der Reife verstorbenen Früh- und Mißgeburten, ganz neue Seelen machen, resp. die unfertigen fertig machen wird. Freilich, es steht schlecht um's Wiedererkennen. Würde mir, wenn ich es reiflich überlege, auch wenig Kurzweil machen, wenn ich die losen Streiche meiner Schulfreunde, woran allein ich sie erkennen könnte, nicht wieder finden sollte. Wenn Nase, Mund, Augen, Alles, Alles abgestreift, bliebe alsdann für's Wiederkennen nichts, rein nichts, kein Körper, kein Geist. Und statt Alles sogar ein Funkelhagelneues! — Das soll mir denn ein Fortleben heißen! — Doch für den Glauben, für Religion — immerhin gut genug!

Dazu stelle Dir, lieber Leser, nun mal recht deutlich den bodenlosen Unsinn vor, den die Glaubensgorilla, ich möchte sie Gorilla ohne Lehre, ohne Geist, nennen, zu durchwaten hat, ehe sie zur Würdigkeit gelangt, an die Pforten zur Seligkeit eben nur anklopfen zu dürfen. Ihrem Götzen da droben Gorillagefühle, wie Liebe und Haß, Freude und Verdruß, zutrauend, selbst Ausgelassenheit an Tagen, wo Hof gehalten wird da droben, und die Söhne Gottes und Satan unter ihnen sich vor ihm präsentiren, fabelt sie, daß der alte Herrgott einst von so furchtbarem Zorn erfüllt gewesen, daß er, pure von wegen seiner Heiligkeit und Gerechtigkeit, alle seine Kreaturen, dieweil so todeswürdig sündlich, hätte vernichten wollen, wenn nicht zeitig ein Opfer ihn gesühnt hätte. Das Opfer habe er in seinem eigenen Sohne ersehn. Freilich seit Gorilla Abraham längst aus der Mode! — Ein Opfer ohne Fehl habe es sein müssen. Ein Gorilla=Opfer. Versteht sich. Der nun als Sündenbock für die vermaledeite Canaille an's Kreuz geschlagene Sohn habe ihn, den Vater, denn auch beschwichtigt. Vater habe dem todeswürdigen, gemeinen Gesindel verziehn. Einer für Alle. Ein Guter für viele Schlechte. Ein Fehlerfreier für Fehlbelastete! Ein Unschuldiger für Schuldbeladene! Das einzige Kind, beschuldigt, gequält, verurtheilt, angenagelt, vielleicht um Satan zu amüsiren oder ihn zur Ueberzeugung zu bringen, wie einst auf Kosten des armen Job? nein, für — verruchte Verbrecher, sie zu erhalten! Herrliche Gorillamoral, sublime Rechtslehren, in der That unerforschliche, unergründliche Gerechtigkeit, nachahmungswürdige Vaterliebe, heldenmüthige Selbstüberwindung, bereitwilliges Verzeihen, süße Milde, allumfassende Liebe! Alles secundum codicem gorillarum seculi seculorum. Und in der That, wie freuet sich Gorilla, daß er gekreuzigt worden, daß er für sie gelitten, in den Tod gegangen, auf daß sie ewiglich lebe! — O, wie inbrünstig betet und dankt sie, daß er gemartert, daß er gelitten, daß er getödet worden! — Soll nicht das tiefbewegte Gorillaherz, das zarte Mitgefühl zur Rache aufrufen gegen die Nachfolger, und wären es die zehnten und hundertsten Generationen derer, die so ehrvergessen waren, daß sie sich vom Vatergott influenziren und bereit finden ließen, gleichsam als sein Handwerksgesindel zu fungiren in der Opferung seines Sohnes? Hätten sagen sollen: Quod non, Herrgott, das geht nicht, thu's selber! — Und wie herrlich hat sich die zarte Liebe, das fühlende Herz der Gorilla abgekühlt, Luft gemacht, und bene gethan, all die Jahrhunderte lang, um den Tod zu rächen, die teuflische Tödung dessen, dessen Tod allein ihnen die Ewigkeit giebt! — Da giebt's keine Qual, die nicht ausgesonnen und ausgeführt ward gegen Mann, Weib und Kind, Jung und Alt, Alt und Jung, temporär und permanent, keine Ecke der Welt, wohin die alte Gorilla nicht getrieben, und lebendig langsam zu Tode gequält, gemartert, ein Leben hat verzappeln müssen, gegen welches ein schneller Tod selbst Wohlthat gewesen wäre. Und wie erbaulich singen die Popen und ihre Heerden inmitten des Klagens, des Stöhnens und Winselns, mit dem salbungsvollen Antlitz, dem Buche der Liebe, wie sie es nennen, in der Hand, dieweil ihr Heiland teuflisch ihnen getödet war vor zwei Tausend Jahren, dessen Tödung ihnen wahre Wohlthat ist! — Wie wehe ist ihnen! — Aber all das Blut, all die Qual, all die Seufzer der alten Gorilla, sie gleichen ja nicht der Liebe, der Wehmuth für den Gekreuzigten! —

Ach, lieber Leser, ich wollte, ich verstände den Unsinn, den ich Dir da flüchtig berichte. Muß wohl supernatürlich sein! Mein Verstand faßt ihn nicht. Aber die moderne Gorilla glaubt unter anderm an Supernaturalismus. Kenne das Ding nicht. Weiß nur, daß es gelehrt wird an Hochschulen, und gründlich verstanden werden muß in den hohen Prüfungen über den wahren, heiligen Glauben. Der aber ruht, gleich dem Ganzen, auf unergründlicher Basis, dessen Tiefe der schwache Erdenblick nicht ergründen kann, mag, darf, soll. Denn da drunten ist's fürchterlich, und der Gorilla versuche die Götter nicht, und wage nimmer zu schauen, was sie verbergen in Nacht und in Grauen. O, mich graut's in der That!

„Hüter, was wird aus der Nacht? —
Hüter, was wird aus der Nacht? — "

Habe mir oft solche Gorillawesen aufmerksam angesehn, schwarze, weiße, rothe, solche mit breiter, platter Nase, wie platt gesessen, fast eine Ebene darstellend mit den breiten Wangen zur Seite, eine weite, Sahara ähnliche, Wüste. Andere mit hoch sich wölbendem Schornsteine, höckerig, oft schöne Sattelform zeigend, mit rasch dem Hintertheile zueilender, kurzer, schmaler Stirn, raubvogelähnlich, hocharistokratisch, die schmächtigen Wangen als bloße Strebepfeiler für die mächtigen Seitentheile der Nase. Habe mir angesehn, wenn die Pänzchen, sechs-, acht-, zehnjährige, oft zu Hunderten beisammen sitzen und Spuhlen wickeln, in übelbünstendem Raume, nichts sehn, nichts hören, nichts denken, nur wickeln von Morgen bis Abend, und alle Tage, und so kränkelnd dahin siechen. Oder aber in den modernen Conviften, von Nönnchen dirigirt, alten, hageren, mageren, der Welt abgestorbenen, für's Kreuz lebenden und webenden, Gorillabrut zum Beten und Singen heranbildenden, Oberlehrmeisterinnen. Habe auch alte, weise Gorillas gefragt, was es denn eigentlich sei, in diesen Pänzchen, was eines unendlichen, ewigen Bestandes wirklich werth wäre. Habe nichts herausforciren können. Mußte dann wieder auf mich selbst zurückfallen. Verzeihe darum, lieber Leser, wenn meine eigenen Hülfsquellen so mager ausfallen. Ist ja zu sublimstolz die Gorilla, um meiner Unkunde aufzuhelfen. Da habe ich denn gedacht: Ist es vielleicht der skrofulöse Balg, der wassersüchtige Bauch, die eiternde, ekelriechende Lunge, die verseligt werden sollen? Nein, sicher nicht! Die faulen ja schon im lebenden Leibe. Drücken aber doch der modernden Maschine ihren Stempel auf, lassen das ganze Bäbchen und Knäbchen nicht anders denken, fühlen, sinnen, wollen und brüten, als, ich möchte sagen, lungensüchtig, bauchsüchtig, wässerig, eiterig, stinkig. Weben und Streben im Allgemeinen, in Höhe und Tiefe, in Breite und Weite, ist abhängig von der Anlage, der Disposition, dem Habitus, dem Leiden, von den Sinnesorganen der Kreatur, wie der Mangel des Sehens und Hörens und das Nichtwahrnehmen — Nichteristiren — der Außenwelt für den Blinden, den Tauben. Was in der Welt soll denn eigentlich so ganz vornehmlich werth und würdig sein, für Millionen von Jahren und in alle Ewigkeit hinein prolongirt und possessirt zu werden? — Vielleicht die intensiven, indomitablen Heirathsgelüste der reif werdenden Lady Gorilla, abhängig und dirigirt, ohne alle mögliche Selbstcontrole, von den jeweiligen Serualorganen? Oder aber ist es der Gehirnmangel des Gehirnlosen, des an Gehirn zu kurz gekommenen, der verseligt werden soll? Oder sind es die Gehirntuberkeln des Gorilla Bamboozle, voll von Sonntagszwang-Gesetzen für die wilde Bestie, und von Fanatismus? Wahrlich, ich finde nichts, was denn eigentlich der Mühe werth wäre, Milliarden von Jahren verseligt zu werden, weder in der Kalmücken-, Tartaren-, Kosaken-, Neger-Gorilla, der rothen oder weißen Gorilla, noch in der nomadisirenden, jagenden, fischenden, den Acker bestellenden, kaufmännischen, manufakturirenden, dogmatisirenden, arbitrirenden, kurirenden, politisirenden, oder in der weiblichen, der Eier legenden, Gorilla. Laß sie ganz einfach in Frieden dahinziehn und sterben und modern. Wachsen vielleicht unschuldige, duftende Rosen und Vergißmeinnicht darauf. Etwas muß und muß denn doch da sein für die unendliche Sehnsucht nach Unsterblichkeit! Etwas muß man doch glauben! — Es muß doch Religion geben! — Nun ja, Gorillas, so glaubt, daß Euch der Kopf wackelt, meinetwegen! Sagtet Ihr nicht, daß Ihr den Uebergang bildet zum Menschen! Ah, so! Steht jetzt vielleicht in der Kindheit, und habt nun vom Glauben hinaufzusteigen zum Denken! —

So dachte ich ein Weilchen. — Aber glaubt nur nicht so erschrecklich albern, daß einem Hören und Sehen vergeht. Hattet ja mal wenigstens angefangen, vernünftig zu thun. War's euch schon damals zu vernünftig, zu natürlich? Scheint's doch so. Ah, darum treibt ihr's jetzt bloß spielerisch, supernatürlich und supervernünftig. Darum hat denn also der Gorilla, welcher am schafköpfigsten glaubt, den ersten Platz in der Ewigkeit! Mit solch' einer gläubigen Gorillafratze, Du könntest Wände damit einrennen. Wie der Ochs, wissend, daß er die Mauer nicht einzurennen vermag, dennoch aber erst darauf zurennt und seine Hörner darauf setzt, so die wahrhaft gläubigen Gorillas. Das eben sind die Lieben des Herrn. Der Herr hat sie erkoren, dieweil sie ihn erkoren. Gegenseitige Attraktion, Liebelei und Verliebtheit.

Fortan wird gebetet und gebettelt, daß, ich möchte sagen, die Berge erdröhnen, und die Ströme im Laufe stillstehn. Jeder betet und bettelt je nach der Höhe und Tiefe seines Unsinns, seiner Dummheit; und am Ende bettelt die ganze Gemeine, das ganze Land. „Mach' mich gesund!" bettelt die gebildete Gorilla, und frißt und säuft und schwelgt, versteht sich, nie ohne des Popen Benediktion, daß ihr der Bauch platzen möchte. „Mach' mich stark und gesund!" bettelt die Liebesdirne, wenn sie keinem im Regimente je einen Liebesdienst hat absagen mögen. „Mach' mich stark, kräftig und gesund!" („Laß mich unthätig sein und in Faulheit, in Schwelgen und Prassen meine Tage verleben" — selbstverständlich), bettelt der Bonze, und schüttelt Sonntags, seiner heiligen Pflicht sich entleerend, einen Donnersermon aus dem unersättlichen Aermel für Hundert Thaler oder zwei Hundert. „Mach' mich wieder decent, wenn auch nur auf ein Weilchen, und stärke mein decomponirtes, faulichtes Blut, kräftige meinen bekrepiden Körper!" bettelt die einst vor Alters unbescholten gewesen zu sein dunkel sich erinnernde, nunmehro andächtig fromme, Kirchen besuchende, Gorillamatrone. „O, mach' mein einziges Kind gesund!" lamentirt die entnervte Mutter, die ihr Lebelang Sorge getragen, Jahr aus Jahr ein duldende Trägerin syphilitischer Krankheiten zu sein, und mit ihrem vergifteten Blute ihr Junges zu imprägniren. „Mach' mich gesund!" schlichtweg en gros, — wenn sie ein Dutzend mal mittelst unnatürlicher Operationen ihr Organ zerrüttet hat. — Bei allem Dem mußt Du anerkennen, daß die Gorillas scharfsinnig verfahren in Betteln. Sie verkehren nämlich mit ihrem Götzen stets en gros, nie en detail, wenn sie bitten oder betteln.

Wie der schlaue Advokat nie, auch nicht mit einer leisen Anspielung, das berührt, was sein Gegner auffassen und gegen ihn wenden könnte, so nennt der Gorilla nie die Krankheit, von welcher er befreit sein möchte, nie das zerrüttete Organ, was er hergestellt wünscht. Bei Leibe nicht. Er ist z. B. nicht so dumm zu beten: „Liebste Jungfer, ich habe die und die Organe schamlos mißhandelt, indem ich die und die Unbill Jahrelang damit getrieben; jetzt sind sie zerrüttet; der Arzt sieht kein Durchkommen; nun vermittle, daß Gorillagottvater es thue." Oder: „Liebe Vermittlerin, bin entehrt, sobald die Gesellschaft es erfährt: habe etwas gestattet, ehe ich dem Popen für die Erlaubniß seinen Decem gegeben. Du weißt, ewig grüne Jungfer, seit den Tagen wonniger Beschattung, wie proklive die arge Welt ist, stets Böses zu vermuthen, weißt auch, wie einer solchen Kreatur zu Muthe ist. Wende ab alles Böse!" Oder: „Liebster Vermittler, habe seit lange meinem Magen in Saus und Braus geboten, was keiner der Gorillas gekonnt. Jetzt liege ich krank an Magenverhärtung; bitte, heile sie." Oder: „Sieh', ich habe mir die Syphilis zugezogen, und leide fürchterliche Schmerzen. Bitte, nimm' sie fort!" — Die Gorilla liebt solch detaillirte Erzählungen nicht. Hat viele Gründe dafür. Der eine schon genüge Dir, daß sie zu anständig, zu bescheiden, zu zartfühlend ist, um solches Schmutzes zu gedenken, oder gar vor dem Allerhöchsten, der so gränzenlos viel zu thun, so viele Welten in Ordnung zu halten hat, ihn auszukramen. Bringt unangenehme Erinnerungen. Und was das Aergste wäre, könnte eine reinweg abschlägliche Antwort zur Folge haben mit dem unangenehmen Nasenstüber: „Warum bist Du solche Bestie, gebrauchst die hehre Göttergabe, Verstand, um reinweg viehisch zu leben?" Möchte in der That anstößig, beleidigend sein für den hohen, sublimen Standpunkt hochcivilisirter, feinkultivirter, c h r i s t l i c h e r G o r i l l a im neunzehnten Jahrhundert! Darum betet sie stets anständig und cum grano salis, diplomatisch vorsichtig, um — keinen Anstoß zu geben. — „Gieb mir Glück und Segen in meinem Geschäfte!" (Mein Geschäft seiend: lügen, überlisten, betrügen, von Morgen bis Abend — laß die Anderen mein Lügengewebe nicht entdecken, umnebele ihre Sinne, ihren Verstand — verstanden!) „Gieb Regen, meine Aussaat, all' mein Hab' und Gut enthaltend, bedarf ihn!" „Um des Himmels Willen, keinen Regen!" bettelt der nächste Nachbar, mein Flachs steht in Knoten!" „Nur Sonnenschein!" die Lady Gorilla. Sie wünscht ihren Verehrer zu besuchen. Sie ist sicher, vor Allen erhört zu werden. Ihr Bitten ist halb Fordern. Sie ist amerikanische Lady.

Gorilla ist so fromm, so gottesfürchtig, daß, selbst wenn er zu Felde zieht, um seinen Mitgorillas — seinen Brüdern, Eltern, Kindern — con amore die Glieder zu zermalmen, mittelst der vollkommensten Mordinstrumente, und seiner, Jahre lang einstudirter, Räuberei, Mörderei und Schlächterei — Taktik — die deshalb überall in höchsten Ehren gehalten und gefeiert wird, er vor Loslassen seiner teuflischen Wuth, vor Beginn gemeinsamen Mordens und Schlachtens von Wesen, die ihn nie beleidigt, seinen Götzen und Vermittler um Beistand anruft. Sein Gegner thut dasselbe. Du siehst beide Parteien sogar religiös, fromm fasten, den Leib kasteien und en masse in Bethäuser stürzen, vom Popen sich in die rechte Stimmung kneten lassen, um ihren Gott aus aller Kraft um Beistand anzurufen, auf beiden Seiten, während die Bamboozles eigens für die Stimmung gedruckte Zeitungen, die den Zorn, den Ingrimm, die Wuth der aufgeregten Massen hübsch in Gährung halten und zur Lohe anfachen, zum Ankauf anpreisen und in dieser Weise Industrie betreiben. Ohne Unterlaß sind sie bemüht, jegliche Partei ihrerseits, ihren Götzen und alle Heiligen zu überzeugen, daß sie im Rechte sind, ja, daß er gegen ewiges Recht und Gerechtigkeit verfahren würde, wollte er nicht der gerechten Sache, d. i. ihrer Partei, den Sieg verleihen. Wenn dieses Mal der Gegner nicht wie Gassenkoth zertreten werde, so könne hinführo kaum noch von ewiger Gerechtigkeit die Rede sein. Und Du solltest sehen und hören, wie der Pope da vor der Masse argumentirt, diskutirt, gestikulirt, Arme und Fäuste gebraucht, und Beine und Füße zum Stampfen, um dem Gerechten, dem Allwissenden, den Standpunkt klar zu machen, um ihn zu überzeugen. Und denke Dir, es ist ihnen wirklich bitterer Ernst. Sie fasten sogar, oder wenigstens essen sich nicht so recht ganz satt wie sonst, auf daß es dem Feinde, den sie noch gestern als Bruder umarmten, recht eingetränkt werde, mittelst Aushungerns und Ausdürstens, Ertränkens, Verbrennens, Verstümmelns, Abschlachtens, versteht sich, alles auf **human christliche Weise, nach Regel und Methode**. Ach, dacht' ich, könnt' ich doch dem umlagerten, armen Götzen beistehn! Wie ihm von beiden Seiten die Kniee umklommen werden! Wie sie zerren und reißen, die Gorillas, um Gewährung zu finden! Aber gewöhnlich siegt bloß eine von beiden Parteien. Wie die nun dankt, sich freuet und frohlockt! Aber sie fühlt auch, daß ihr Beten stärker war, ihre Bataillone stärker, ihre Geschütze stärker, ergo — ihr Recht ein besseres, ein edles, wahr‐haft christliches! Keiner kann nunmehro aufrichtiges Mitleid fühlen für die Leiden und Nöthe des Besiegten. Hat's ja selbst ver‐anlaßt. Atta selbst hat's so gewollt. Ein ächter Patriot, ein Loyaler, kann kein Gefühl haben für den Unterworfenen. So lehrt Gorilla Bamboozle mit seiner christlich bedingten Amnestie. O, alter Horatius!

In gebildeten Kreisen ist es bekannt, daß der Blitz wohlthätig für die Atmosphäre ist, und daß er brennt. Doch das hält den frommen Gorilla nicht ab zu beten, Atta möge den Blitz hübsch kalt sein lassen, wenn er über sein Haus und über sein Vieh dahin fährt; — es sei denn gegen Blitz versichert. Ist es das nicht, so legt Gorilla die Bibel und Salz auf den Tisch, um den Herrn an sein Hab' und Gut zu erinnern, und betet, es in Schutz zu nehmen gegen den Blitz. Hat Recht. Atta soll allmächtig sein, und soll die Bitten der Sterblichen gerne hören. Hat ja auch nichts Anderes zu thun, malen seit Newton die Gravitation die Welt mit allen Sonnen und Planeten von selbst in Ordnung hält, und Atta nunmehr ausschließlich den Gorillas und ihren Anliegen und Nöthen sich widmen kann. Naturwissenschaftlich richtig.

Alle Jahre ladet der Gorillapräsident den ganzen Stamm ein, zu‐sammen zu kommen, um dem großen Götzen für das Gerathen der Erndte zu danken. Gorilla thut es aller Orten, und kommt in Schaa‐ren von Tausenden zusammen, pflichtschuldig zu danken dem lieben Atta, daß er ihnen so reichlich gegeben, um im Jammerthale in Hülle und Fülle fortleben zu können, und nicht vor Hunger gezwungen zu sein, die Reise in's Jenseits anzutreten. Stimmt zwar nicht ganz mit der Todesbereitwilligkeit und der himmlischen Sehnsucht nach Metamor‐phose. Jedoch Gorilla ergiebt sich in des Höchsten Willen, wenn der ihn an reiche Tafeln ruft und sich bene zu thun quasi zwingt. Er sieht deutlich die spendende Hand Atta's, die die reiche Erndte ja bloß zum freudigen Genießen gegeben. Denn Du mußt wissen, daß Gorilla in solchen Fällen, die so klar zum Magen sprechen, stets den Zweck, die Absicht Atta's wohl zu erkennen, mindestens zu diviniren versteht, sowohl direkt als indirekt, per exclusionem. Denn wofür anders könnte die Erndte sein, wenn nicht für Gorilla? — Ergo! — Hörtest Du als Mensch die Danksagungen, Lobpreisungen, die Hallelujahs, die Verherrlichungen, die Verehrung des Allvaters, dieweil er so väterlich sorgt für seiner Kinder Wohl, „der selbst den Raben füttert zu seiner Zeit," Du solltest wirklich wähnen, das Alles käme von Herzen und nicht vom Magen. Doch, ich sage Dir, traue den Heuchlern nicht. All ihr Liebthun, all ihre Verehrung, all ihr Lobpreisen ist Heuchelei. Ihr Herz hat gar nichts damit zu thun, einzig und allein der Magen ist es, der volle, der dankt. Soll ich's etwa beweisen? Wohlan! Gorilla dankt nicht, wenn die Erndte ganz und gar mißräth. Warum nicht? Ha, wofür denn soll er danken, fragst Du, etwa für's Mißrathen der Erndte und die kommende Hungersnoth? — Ja, freilich, dafür eben soll er danken! Für die Züchtigung soll er danken, für die Strafe soll er danken, die sein Vater ihm hat angedeihen lassen. Das soll er. Dieweil er ja einsieht, daß Hunger ihn bessert, nicht aber Ueberfluß. Dafür soll er danken, inbrünstig danken, der kluge, weise Gorilla. — Sentimentales Geschwätz, meinst Du; ausgehungert werden, vor Hunger krepiren — und dafür Dank sagen? Würde das nicht Verstellung sein, Heuchelei, ganz und gar gegen Natur? Aber warum sprach denn Gorilla so groß in den Tagen des Ueberflusses, daß selbst wenn der Allvater ihn strafe, Hunger, Elend und Krankheit sende, er lebhaft es fühle, daß es nur zu seinem Wohle gereiche, er mit Demuth es annehme, und inbrünstig Dank dafür sage? J, warum nicht jetzt, da die Stunde endlich gekommen, hübsch Hand beim Maule halten? Wie inconsequent die Fratze ist, wie ehrlos, wie charakterlos! Nun die Stunde gekommen, und sie, hätte sie nur den Schimmer von Charakter, wenigstens zeigen sollte, daß es ihr Ernst gewesen mit ihrem Geplapper: siehe, da steht sie wie angedonnert, läßt das Maul hängen, und nimmt Dir's gar übel, wenn Du sie an ihre früheren Ergebenheits-Versicherungen erinnerst! Sie dankt nicht, singt keine Hallelujah's, mault und grollt. Ich, meinerseits, verarg's Gorilla nicht. Es ging ihm ja auch gar zu nahe an's Leder. Sterben und verderben, und nichts im Leibe, und nirgend Aussicht, der Calamität zu entrinnen — da noch Hallelujah's singen sollen! Nein, thue das der Bonze, wenn er kann. Dem Gorilla bleibt der Ton im Halse stecken. Ich sage Dir, da giebt's nur eine Logik für ihn. Er frißt seine eigenen Kinder, er frißt sich gegenseitig auf, falls der Hunger ihm an den Kragen geht, kennt weder Gott noch sein Gebot, weder Gesetz noch Recht, sieht und hört kein Deduciren und Argumentiren. Der Magen dominirt, der Magen dirigirt seine Gefühle und seinen Verstand dazu. Er wird schon beten. Aber wann? Wenn er gar nichts mehr zu schlachten und zu bekapitiren findet. Dann betet er. Aber dann betet er wenigstens natürlich, vernünftig, nicht supernatürlich: „Götze, gieb' mir was zu essen, betet er, laß die Späternde gedeihen. Sei mir nur in diesem Punkte zu gefallen. Strafe mich lieber, wenn Du willst, in anderen. Züchtige mich durch Krankheiten! (Reservatio mentalis: „Kommt Zeit, kommt Rath, da bete ich wieder anders.") Oder nimm' mich zu Dir in's Himmelreich, dann bin ich all der Plackereien enthoben. Thue es, aber — — bloß — — nur nicht gleich jetzt, bin — bin ja noch nicht vorbereitet, muß noch Buße thun, habe auch unmündige Kinder, die ich so gerne in Deinen Wegen erziehn möchte. Ach, ja, die armen Würmchen liegen mir so sehr am Herzen. Thue es der armen, unschuldigen Würmchen wegen, (das ist das rechte Fahrwasser, endlich), die noch nicht gesündigt haben, falls Du mit mir durchaus kein Erbarmen haben willst." — Siehe, so betet Gorilla dann. — Ah, Gorilla ist weise und versteht seinen Gott ganz und gar, weiß ihn zu nehmen. Wolltest Du Gorilla durchaus nach dem Leben beurtheilen, Du möchtest zu Zeiten glauben, er thue es fast überall dem Menschen gleich. So schlau weiß er sich zu verstellen und eine ehrbare Grimasse zu schneiden vor seinem Herrgotte. Wo immer es ihm scheint, daß seinem Leben der Tod droht, da, solange er nur ruhig und kalt zu überlegen vermag, weiß er seinem Herrgotte so viele Gründe vorzutragen, daß er fast sicher fühlt, erhört zu werden. Das Jammerthal hängt ihm ganz gewaltig nach. Auch hat er Grund, zu besorgen, daß seine Tage, die ihm von Anbeginn der Welt zugedacht waren, noch nicht voll seien. Wie leicht könnte Atta trotz seiner Allwissenheit daran vergessen! Wenigstens erinnert ihn Gorilla gerne daran.

Da hat er denn auf geniale Weise zeitig für Assistenz gesorgt. Zuerst, die heilige Mutter, Gottes-Mutter, Mutter etlicher Kinder, ewig frische Jungfrau, die da weiß, wie einem zu Muthe ist, der zu Falle kommt. Haufenweise wendet sich Gorilla an sie, trägt ihr Bild um den Hals, am Busen, küßt und liebkoset es, trägt auch eine Schnur von

Perlen mit sich umher, großen und kleinen, und betet, doch stets ohne
Bilderdienst zu treiben, auf und ab, und ab und auf, an diesen, daß die
Heide wackelt. Denn sie ist sicher, daß die Jungfer hilft, wo sie kann,
sofern nur inbrünstig appellirt wird an ihre Unbeflecktheit. Und können
kann sie immer, sie hat großen Einfluß. — Ich sage Dir, kaum giebt es
eine andere Religion, die in aller Christlichkeit solche Mittel und Wege
bietet. Die der türkischen Gorilla gewiß nicht. Die hat keine solche
Jungfer, keinen Rosenkranz und keine Appellation an Unbeflecktheit.
Gorilla Bamboozle nennt daher deren Stifter schlichtweg B e t r ü g e r,
S c h w i n d l e r. Muß wohl so etwas davon verstehen, sonst würde er
nicht so schamlos schimpfen. Meint vielleicht, die türkische Religion sei
nicht so vernünftig wie die seine. Denn er liebt vernünftige Religionen,
deren kanonischer Theil bloß geglaubt, und der philosophische nicht unter=
sucht zu werden braucht.

Dann hat Gorilla eine andere, mächtige Gevatterschaft, Gorilla=
gottsohn. Gelitten habend, um seinen Vater auszusöhnen für anderer
Kreaturen Verbrechen, angenagelt worden seiend für das vom Vater
verdammt befundene, kanaillöse Gethier, sitzend aber nunmehr zur
Rechten des generaliter ausgesöhnten Alten, hat er ein stets wohlwollen=
des Auge reservirt für's Lumpenpack. Was immerhin Schlechtes es
auch thun mag, lügen, betrügen, falsch schwören, morden, sengen und
brennen: es ergreift, wenn der kritische Augenblick nahet, das Bild aus
Erz, Holz, Glas, Elfenbein, Marmor, Thon fabrizirt, ganz so wie er
einstmals am Kreuze gehangen, versteht sich mit dem Gestell, küßt es,
bittet um Verzeihung, Fürsprache, und wandelt, von Popen geführt,
selbst zum Galgen, sicher seliger Unsterblichkeit. Für Alles ist Rath,
meint Gorilla, nicht in der Heilkunde, aber doch in der Religion, wenn
sie nur hübsch vernünftig ist, ohne Götzen und Götzenbilder, die in frü=
heren Jahrhunderten Gang und Gebe waren, unter freilich Unkultivir=
ten. Doch damals bedurfte es solcher Mittel, um sie in Zucht und
Ordnung zu halten. Jetzt aber ist Alles mehr civilisirt, kultivirt,
c h r i s t i a n i s i r t!

Mit Gorillagottsohn scheint die erste Linie hoher Patronschaft aus=
gestorben zu sein. Wenigstens finde ich in den Chroniken nicht, daß er
wie sein Vater auch einst ein Weib erkannt, resp. beschattet habe. Im
Gegentheil, er soll als allgemeine Regel für's Beste gehalten haben, nicht

zu heirathen. Vermag wirklich kaum einzusehen, wenigstens nicht in decenter Weise mitzutheilen, was seine Ansicht gewesen sein mag, über die Art und Weise, wie dann beim Nichtheirathen das Reich Gottes vermehrt werden solle. Habe bei Nönnchen und Mönnchen Nachfrage gehalten, die, selber unverheirathet, vor Allen es wissen sollten. Habe keinen Bescheid erhalten. Sagten, das möge Jeder auslegen, wie er wolle. Als ob da was auszulegen, wo das Wort so deutlich und klar! Am besten, dacht' ich, mach's à la Vater Luther mit seinem Motto: „Das Wort, das sollt Ihr lassen stahn!" Und so dacht' und that er. Heirathen ist gut. Voilà, da heirathete er. Hatte auch lange genug nach der andern Maxime gelebt und mitgemacht: „Nicht heirathen ist besser!" Hatte bloß das Bessere zuerst betrieben, und das Schlichtweg= gute zuletzt. Unbedeutender, chronologischer Irrthum! Passirt hin und wieder bei Gorillas. Kommt ja selbst bei Menschen vor. Bei ihnen jedoch stets gerechtfertigt, weil die es nur zufolge ingeniöser, ethisch=mo= ralischer Regel betreiben, die da wissenschaftlich lautet: Errare huma- num. — Aehnlichem chronologischen Irrthum begegnest Du wohl mitunter unter den Gorillas wenn ein Anhänger der alten „Lehre" zurücksinkt von Wissen auf Glauben. Gorilla sagt dann, er sei bekehrt. Rühmt sich. Zeigt Demuth, und giebt aus, ein neu Licht sei ihm geworden. Er nennt das Bekehrung. Ist im Grunde nichts als chronologischer und sprachlicher Irrthum. Soll heißen Verkehrung. Bekennt offen, daß er von Wissen und Forschen zurückgesunken sei auf's Glauben: vom Standpunkt des Mannes auf den des Babys. Steht sich aber politisch gewöhnlich besser dabei nach dem Grundsatze: Unter den Wölfen mußt Du heulen! oder nach dem: Wo Narrheit regiert, muß der Verstand betteln gehn! Fortan übertrifft ein solcher Verkehrter alle Anderen in Verstellung, Heuchelei und frecher Ostentation. Hat im Grunde lange genug gelernt das Pack zu verachten. Stand vorher in seinen Machinationen mehr auswärts, fern. Die Zugänge waren verrammelt. Nunmehro mit der einen Heuchelei hat er sich per saltum mortale inmitten der Gesell= schaft hineingeschmuggelt, und wühlt leichter, stärker, unbeobachteter unter der Aegide des Heiligenscheins. Mundus vult decipi, denkt er, ergo, decipiatur.

Von Gorilla Luther originirt ein Zwiespalt im neuen Glauben. Die Gottesgelahrten konnten nicht einig werden, und die Hauptgorillas

fingen mit Ohrfeigen an, die Weihe des wahren Lichts und Feuers
sich zu sichern. Im Ganzen blieb Canon Canon, Unduldsamkeit blieb
Unduldsamkeit, Glauben Glauben. Ein wesentlicher Fortschritt aber
wurde unwillkürlich erreicht. Gorilla Luther hatte nämlich hauptsächlich
für sich ein Recht für limitirtes Denken beansprucht, und hinführo statt
eines einzigen Babas in Rom alle Collegen für freie Babas erklärt.
Das Ding gefiel, sah aus nach Freiheit. Dazu heirathen dürfen.
Denk' Dir! Zwar in Denken und Forschen sollten sie nicht weiter sich
versteigen als er selbst. Als jedoch die selbstständig gewordenen Babas
seine Schwäche gewahrten, wie er als Jongleur und Uebernatürlichkeits=
lehrer nicht mal dem großen Original in der Bändigung des Teufels
gleichkam, und bloß mit einem Dintefaß ihn vom Halse zu wahren An=
lauf nahm, da wich der Respekt und jeder dünkte sich mehr oder weniger
einen souveränen Baba. Vermöge der Menge unabhängiger, souve=
räner Babas kam seit jener Zeit die Verfolgung in Steigen, der
Glauben in Fallen. Denn so viel Köpfe, so viel Unsinn! Die
Menge Sekten und Sektchen treiben umher wie das Schiff ohne
Ruder auf ungestümen Wellen. Eine Sekte würde gerne der andern
den Hals brechen, wenn nicht der weltliche Arm auf eine Weile sie aus=
einander hielte. Auf eine Weile! Die Weile wird aber zuweilen den
Glaubensstarken gar zu langweilig, und dann geht's an's Abschlachten.
Eine Periode gab's, da die allgemeine Schlächterei dreißig Jahre
dauerte. Gorilla labt sich dann an dem Blut nicht bloß alter Gorillas,
sondern auch an dem unmündiger Gorillabrut, schneidet auch jeweilig
die Kleinen aus Mutterleibe. Alles, natürlich, unter Lobgesang, Alles
zur Ehre Gottes in der Höhe, alles unter Vortritt, Segen und Weihe
der heiligen Gottesgelahrten, Alles zu Gunsten der einzig wahren, der
besten aller Religionen, der Religion der Liebe, Alles
aus purer Christlichkeit!

Gorilla liebt es, allen Dingen, die er nachäfft, eine gewisse Run=
dung zu verleihn. Der ächtgläubige Gorilla, dessen Glauben allein
selig macht, hat daher außer obigen Fürsprechern apart noch wenigstens
einen Heiligen für jeden Tag im Jahre. Daher vergeht kein Tag,
keine Stunde, daß Gorilla und seine Angelegenheiten nicht unter dem
besondern Schutze von Fürsprechern seien, allgemeine und besondere
Schutzheilige, dii majorum et minorum gentium. Doch paßt letz=

tere Bezeichnung nicht so ganz, da sie vom Heidenthum herstammt. Selbiges aber war bekanntlich götzendienerisch, dem Bilderdienst ergeben. Der Gorilla heutzutage jedoch, riesenhaft fortschreitend in Bildung, Civilisation, **Christlichkeit**, verschmähet Götzendienst und Bilderkultus als tief unter seiner Würde, und sieht in mitleidsvoller Verachtung auf jene dunklen Zeiten hinab, wo Verstand begabte Menschen so tief standen, um durch Pinselstriche und Meißel- und Schnitzwerk, wie weiland die Lämmer Jakobs durch die buntgeschnitzten Stäbe, sich erhitzen zu lassen von Jakobiten, was in der Ursprache Hinterlistige, Betrüger, heißt. Der heutige Lohnlakai betrachtet die Gorilla à la Schubjack Jakobi stets als Schafe und Lämmer, und spricht sie auch gar an als seine Heerde. Allein Gorilla weiß doch, daß der Jakobite bloß streichelt, schmeichelt und heuchelt! —

Wenn die Gottesgelahrten auch drob hadern, ob die Oblate und der Wein, den sie zu Zeiten reichen, als wahres Fleisch und Blut des an's Kreuz genagelten, überirdisch-irdisch Erzeugten zu verschlucken, und zu assimiliren sei, oder bloß zum Andenken; über den praktischen Nutzen der Mittlerdienste aller Heiligen kann eben so wenig Dissenz stattbaben wie über den, Alles überwältigenden, Einfluß von Gevatterschaften im Allgemeinen. Daher findest Du nun in den Gemächern der wahrhaft Gläubigen, in ihrem sanctum sanctorum, die Abbildungen der Heiligen in den verschiedenen Situationen und Costümen. Vor allen ist es die Jungfrau, die einfache, jungfräulich junge, schöne, milde, liebreizende, mitleidige Mutter Gottes. Auf einem ihrer Bilder sah ich sie, die Hand ausstreckend nach Gorilla-Kreaturen im Fegefeuer, die jämmerlich fratzenhaft zu ihr aufheulten. Spotte nicht, Leser, lache nicht. Die Sache hat wirklich ihre gar ernste Seite. Würde selbst Menschen, Menschen von Bildung, meine ich, wenig behagen, sich rösten, braten, verkohlen zu lassen. Es ist leicht vorzuschreiben in den zehn Geboten: „Du sollst Dir kein Bild machen von dem, was oben im Himmel, oder unten auf der Erde ist!" Das alles läßt sich gar leicht sagen, so lange man nicht in Noth ist. Ich wenigstens gestehe offen, ich würde, wenn solcher Höllengluth ausgesetzt, selbst nach einem Strohhalme greifen, geschweige nach der Hand einer Liebreiz strahlenden, unbefleckten Jungfrau. Würde sonst sicherlich bald in den Ruf eines Narren oder eines hartherzigen Sonderlings kommen, wollte ich der Dame nicht auf halben Weg entgegeneilen und Liebe barsch mit Gleichgültigkeit lohnen. Courtoisie allein würde mich schon in die rechte Bahn leiten, und Courtoisie, Du weißt, ist Christlichkeit.

Ein anderes Bild im Schlafgemach der gläubigen Gorilla zieht Dich an, das des Gorillagottsohnes, an das Holz genagelt, die durch's Fleisch getriebenen Nägel zeigend, die Wunden, das Blut, wie es rinnt. Schauderhaft! Macht mir stets eine Gänsehaut. Siehe das Haupt baumelnd, taumelnd, das Hülfe suchende, Qual ausdrückende Antlitz. Es raubt einem die Sinne, es raubt die Ruhe. Nein, es ist auch nicht zum Aushalten! Man möchte das ganze Pack, die ganze Sippschaft derer, die ihn an's Holz genagelt, mit Stumpf und Stiel ausrotten. Welcher Richter würde nicht den Gorilla freisprechen, der, im ersten Akt der Aufregung handelnd, einem solchen Nachkommen das Lebenslicht ausbläst? Und Aufregung? Wie kann er, wenn er beim Sichniederlegen oder Aufstehn das Bild ansieht, der Aufregung entgehn? Wahrlich, er ist kein Götzendiener, übt keinen Bilderkultus! Denn nicht das Bild verehrt er, nur was es repräsentirt, nur die Situation, die es ihm vor die Seele führt. Das Heil der Welt in Agonie, blutend, stöhnend, winselnd, keuchend, mit aufwärts gerichtetem, harrenden Blick, todt, auferstehend, aufsteigend, auffahrend gen Himmel! Sag' an, müssen solche Anschauungen nicht den dickfelligsten Pachydermen, — und in der That, als eine dickfellige Bestie betrachtest Du die Gorilla, indem Du solche schauderhaften Anschauungen für nöthig hälst — packen, und das ganze Innere ihm aufwühlen, mit Schaudern und Entsetzen ihn erfüllen, Phantasie, Gefühl, Gemüth gewaltsam aufregen für — Mitgefühl, Bedauern, Mitleid, Beklagen, Bejammern, Vergebung, Liebe, Haß, Verfolgung, Vertilgung, Verachtung! — Ein in der That weites Feld, auf dem der Lohnlakai ackert, pflügt, erndtet, nach Behagen! — — —

Die Quintessenz nun von Allem, was Glauben und Religion, was Frömmigkeit und Liebe enthält, findest Du bei Gorilla in dem Worte Kreuz und in der Figur eines Kreuzes enthalten. Sie reden von Kreuz, und meinen Alles und Jedes, wie Elend, Kummer und Noth und Verderben; meinen Seele und Seligkeit; meinen Glauben und Vertrauen; meinen Wahrheit und Recht. Freilich Alles nach ihrer Auffassung, wie oben gezeigt ist. Sie tragen ein Kreuz an ihrem

Körper als Symbol, Amulette, und verehren es als heilig und beten dabei. Solche kleine Hanggestelle tragen die Lady Gorillas in den Ohren, um den Hals, auf der Brust. Ja, sie legen sie auf ihre Leichen, wenn diese in Pracht ausgelegt werden, bevor sie zu stinken beginnen. Ich weiß, Leser, der Ausdruck macht Dich die Nase rümpfen. Du bist so delikat, liebst Reinlichkeit und Harmonie. Ja, ja, die Nase! Ja, ja, das anstößige Wort! Weißt Du, was ich oft denke?· Daß das böse Wort und die Nase unter anderen doch die größten Anreger und Direktoren Deiner Gefühle, Deines Reinlichkeitssinnes, Deiner Reinlichkeit selbst, ja, des winzig kleinen Theiles von Reinlichkeit, Deines Anstandes, sind. Nun gehe und philosophire — und vermittle Harmonie zwischen Deinem Instinkte und Deiner Liebhaberei für Käse und Wildpret! — Welche geheime Kräfte das Kreuz auf den Leichnam ausübt, weiß ich nicht. Vielleicht hält es böse Geister von dem Kadaver ab; den Geruch sicher nicht. Der Gorilla liebt es, vor Allen seine Leichen respektvoll und liebevoll zu traktiren. "De mortuis nil nisi bene," und "mortui non mordent," sind heilige Axiome. Ja, ja! sobald er sie nur todt weiß, sucht er sie nicht mehr zu skandaliren oder maltraitiren, so hart er sie auch im Leben verfolgte, mindestens verkannte. Todte beißen nicht mehr, weiß er, und darum beißt auch er sie nicht, der hochherzige, ritterliche, w a h r h a f t c h r i s t l i c h e, liebevolle Gorilla. Ist so zartfühlend, so mitleidsvoll mit seinem todten Bruder! Weiß es der liebe Atta, wäre man nur etwas dümmer, man könnte sich gerührt fühlen, und selbst von todten Gorillas noch Christlichkeit lernen! —

Nachdem die alte Gorilla Asien verlassen, befindet sie sich auf Wanderschaft. Wie Du sie heute findest, ist sie in einem Uebergangsstadium begriffen. Im Ganzen genommen, weiß sie noch nicht recht, wie sie mit Atta daran ist. Ob sie mit dem Alten brechen soll oder nicht, ist eine offene Frage. Gar Manches in der „Lehre," meint sie, ist nicht zeitgemäß, wie das oft wiederkehrende Rachedrohn des Allerheiligsten, die harten Todesstrafen. Gar Manches, dünkt sie, ist gar anstößig und Gefühl beleidigend, wie die Schandthat, verübt an „Damsel Dinah", „was auch gar nicht hätte geschehen sollen." Oder gar das ganze acht und dreißigste Kapitel der Genesis, so gränzenlos schamlos, schmutzig,

gemein, daß kein Altgläubiger, kein Neugläubiger, kein Ketzer, und bötest
Du ihm die Schätze von Ophir, seiner züchtigen Maid gestatten würde
es zu lesen. Ihre Unschuld wäre sofort geopfert, und Anstand, gute
Sitte, Gefühl — Alles, Alles. Und da soll er, der Vater, dieselben
Dinge für heilig halten, und von Zeit zu Zeit die „Schrift," wie sein
Liebstes auf Erden, in seine Arme schließen, an's Herz drücken, und
damit im Tempel weihvollen Umgang halten! Denk' Dir! Und er-
röthet vor Scham und Schande, wenn er es zu Hause liest! — Oder
aber die Jongleurstreiche, die Tricks, und die Art und Weise, Atta
selbst wie einen dummen Jungen zu coramiren, ihn zu vernünftigem
Handeln und zu Reue zu bewegen. — Oder gar die vielen Verstöße
gegen naturwissenschaftliche Wahrheiten! Freilich, wie jetzt noch die
Sachen stehn, hat die alte Gorilla ihren Lohnlakaien dafür, daß er das
Alte mit dem Neuen, so gut es eben geht, ausgleicht, aussöhnt. Er
thut das auch gar männiglich vermöge höherer und tieferer Gelehrsamkeit und Heiligkeit. Giebt für das Eine die Auskunft, dieweil die
„Schrift" in ihrer ewigen Wahrheit auch die Schwächen ihrer Helden
offenlege, wie jedes gute Geschichtsbuch. Jedoch ist es kein Geschichtsbuch. Derowegen, die Heiligkeit des Ganzen stets vor Augen haltend,
darfst Du die Einzelheiten ja nicht mit dem Namen Schmutz, Unflath,
Gemeinheit belegen. Erklärt das Andere aus dem Gesichtspunkte, daß
Atta mit den damaligen Gorillas wie mit unschuldigen, unmündigen
Kindern verkehrte, und den Kindern erlaubte, ähnlich mit ihm zu verkehren. Nichts destoweniger ist das Buch kein Babys-Buch, kein ABC-
Buch. Hast Du daher die Heiligkeit des Ganzen stets vor Augen, so
steht es Dir schlecht, wolltest Du jene Kunststücke, Kniffe, Jongleurstreiche mit solchen profanen Namen benennen. Erklärt Fehler gegen
die Regeln der Wissenschaft damit, daß Atta eben sich herabließ, mit
den Gorillas auf ihrem, nicht auf seinem Standpunkt zu verkehren.
Hast Du inzwischen die Heiligkeit des Ganzen vor Augen, und die
Masse des Guten, so darfst Du keinen Anstoß an Unwissenschaftlichkeit
und Unsinn nehmen, oder gar Makel in die Erklärung des Lohnlakaien
setzen, und Widersprüche finden, wie z. B. daß Atta gar oft mit den
Gorillas wie mit ausgefeimten, durchtriebenen Schurken verkehrte, die
Nichts weniger als unschuldigen Kindern gleich sahen! Erklärt gar
Manches mit Fehlern in der Uebersetzung. So erklärt der moderne,

fashionable Lohnlakai, daß das Getrennthalten von Fleisch= und Milch=
speisen lediglich von einer falschen Uebersetzung herrühre, daß das Nicht=
anrühren von Feuer an Sabbath ebenfalls auf falscher Uebersetzung
beruhe. Dahero erfordert es gar tiefes Sprachstudium wenn Du alt=
moderngorillisch — der Mensch würde sagen human, der engherzige Christ,
der human nicht liebt, christlich — leben willst. Mußt nothwendig
chaldäisch, arabisch, syrisch, ebräisch, und wärest Du einer vom neuen
Contrakt, altgriechisch verstehn, und obendrein die Gewohnheiten und
Verkehrtheiten der damaligen Zeit! — Das Alles sagt Dir nun Dein
gut bezahlter Lohnlakai. Dabei trägt er Sorge, stets das Ganze in
seiner Heiligkeit, und ja nicht etwa als Mirtum compositum, wie „die
Preußische Gerichtsordnung" beizubehalten, während er scheinbar dem
Zeitgeist, scheinbar der Wissenschaft, scheinbar dem Fortschritt Rechnung
trägt, indem er sogar Unsterblichkeit lehrt, die in der „Lehre" selbst nun
freilich total vergessen zu sein scheint. Er scheint seine Gemeinde zu
kennen, und arbeitet als guter Geschäftsmann stets auf: die eine Idee
los, einen Handel zu Stande zu bringen, eine Art Austausch mit dem
großen Haufen, den Gorillas des neuen Contrakts. Er offerirt die
Verlegung seines Sabbaths auf den ihren und will den Unsterblichkeits=
dusel acceptiren, dieweil eben so sehr viel sich damit ausrichten läßt auf
seinem und seiner Heerde Standpunkte, ohne Mühe zu f o r s c h e n ,
s t u d i r e n und e r k e n n e n , und ohne das garstige, ekle Gespenst,
den Z w e i f e l, aufkommen zu lassen. Jene aber sollen die Dreieinig=
keit opfern, dieweil ja doch der Schwindel zu durchsichtig geworden in
der Jetztzeit, und wenigstens bei der gebildeten Gorilla nicht mehr recht
gedeiht. Zudem, da selbst das gemeine Pack mehr oder weniger lesen
gelernt hat, und in Republiken, wo' sogar jeder öffentlich eine Meinung
haben und sagen kann, lebt, droht gar sehr Gefahr, das Kind mit dem
Bade auszuschütten. Seiner Gemeinde würde das Geschäft schon
behagen. Sie sehnt sich nach Ansehn und Respekt bei denen, so die
Zügel in der Hand halten. Geld gemacht habend, (siehe den spez. Theil)
zeigen sie bereits ihre Würdigkeit und Bildung in neu erbauten —
S c h u l e n , U n i v e r s i t ä t e n ? ? — o n e i n, n e i n, n e i n,
b e w a h r e ! in — — — T e m p e l n, vorzüglich in New=York, von
deren Sitzen der Arme, der Bettler, überhaupt jeder, der keine Tausende
aufzuweisen hat, um sie zu erstehn, ausgeschlossen ist. Sie sitzen in ihm

bereits entblößten Hauptes, und zeigen durch Abnahme des Hutes, daß sie dem Zeitgeiste huldigen. Die Lady Gorilla aber entfaltet ihren ganzen Reichthum — **ihre Bildung**, wie auf Bällen, Soirees, Tanzsalons, Theater, unwiderleglich darthuend, daß sie die heilige Pflicht, die ihres Gatten zusammengescharrter Besitz ihr auferlegt, nämlich die Tage der Woche nützlich anzuwenden, um Toilette zu studiren und sich so in die wahre Bildung hineinzueskamotiren, wohl versteht. Ominös haben die in New-York ihren Tempel „Emanuel" genannt, und einer ihrer Lohnlakaien hat in der Einweihungsrede dargethan, daß der Name Emanuel — daß Du nicht denken mögest, der Verfasser dieser Schrift habe seinen Namen so zu hudeln erlaubt, so protestirt er hiermit feierlichst dagegen — lediglich auf diejenigen sich beziehe, die ihn bevölkern, und daher nicht etwa heiße: „Gott ist mit uns," sondern mehr bezeichnend: „**Gott sei bei uns!**"

Dieser **Gottseibeiunstempel** repräsentirt in New-York die Reformglieder, d. h. Glieder, die sich von einem Lohnlakaien unaufhaltsam reformiren lassen. Wozu? Wird nicht gesagt. Wissen's selber nicht, weder die Heerde, noch der Hirt. **Zeitgemäß**, sagt das Gorillamännchen, **modern-fashionable**, sagt das Gorillaweibchen. Aber wozu nicht, das wissen sie. **Nicht zur Wahrheit und Klarheit, nicht zur Lehre, nicht weg von Glauben, beileibe nicht!**

Ihnen gegenüber stehn die unverwüstbaren, unveränderlichen Alten. Sie wollen von Zeitgeist und Mode nichts wissen. Haben bloß das Wort „Lehre" mit „Religion" ausgetauscht, weil sie zu lehren abhold sind. Was sie unterrichten nennen, ist interpretiren alter Worte, Phrasen, Allegorieen, Parabeln. Hassen Lehren, nennen sie Neuerungen, erstens, weil kein Ende abzusehn beim Lehren und Forschen, und zweitens, weil Forschen nichts Stabiles giebt, woran Alt und Jung, dumm und klug, jetzt und künftig, sich festhalten könnte. Wollen auch selbst von Verkehrtheiten in der Uebersetzung nichts wissen. Da Alles bereits erklärt ist, sprachliche Erklärungen aber bloß den Gelehrten von Fach angehn, und naturwissenschaftliche dazu, so gelten ihnen solche bloß als Spielwerk. Haben bloß die Theorie oder, besser, den Dusel, den Schwindel der Unsterblichkeit adoptirt, weil sie nicht gerne in Moder zurückbleiben wollen, wenn die Drommete erschallt, die zum Gilgul ruft. Denn wiſſe, die alten Gorillas ſind voll von Gelüſten, trotz des Dekalogs. Daher haben ſie denn auch ex post. aus der „Lehre" Anſpielungen für's Jenſeits herauszuſpüren Bedacht zu nehmen für gut erachtet! — Im Ganzen beten die beiden Parteien ähnlich wie die Gorilla des neuen Contrakts. Die alte Gorilla betet jedoch meiſtens in der alten todten Sprache zu ihrem Gotte, die ſo mauſetodt und abgeſtorben vermodert iſt, daß ſelbſt die gelehrteſten Altgelehrten nicht darin ſprechen. Die Gorilla ſelbſt, Männchen und Weibchen, verſteht auch die Sprache durchaus nicht, verſteht nicht mal richtig zu leſen, verlangt auch nicht ſie zu lernen, überzeugt, daß ſie höchſtens für den Gelehrten von Fach einigen Werth haben dürfte. Inzwiſchen um mit Atta ſo recht inbrünſtig zu verkehren, iſt ſie ihm die beſte. Aus gar vielen Gründen. Zuerſt iſt ſie und bleibt ſie die **heilige Sprache**, die **Gott erkorne**, die **geliebte**, in der er einſt ſelbſt geredet. Zweitens iſt ſie die **heilige**, weil das Buch aller Bücher, das Buch des Wiſſens, darin geſchrieben iſt. Drittens iſt ſie die **heilige**, weil die Altvorderen in der Sprache mit Atta verkehrten, und Erhörung fanden. Nun noch einige andere Gründe. Da ſie Atta ſo lieb iſt, ſo bringt der Gorilla ihm gerne das Opfer, darin mit ihm zu verkehren, obgleich er ſelbſt nicht verſteht was er ſagt, betet und bettelt, und leicht bevortheilt werden könnte. Allein er vertraut ſeinem Atta blindlings, und mehr als das, er fühlt, daß Atta ſich ſchon alles, ſelbſt Unverſtändliches, zurecht legen wird. Möchte in der That ſonſt übel anlaufen, der Gorilla, wenn der droben alles ſo aufnähme und verſtände, wie Gorilla-Schafskopf es ihm oft vorträgt. So hörte ich ein gar heiliges Wort in der heiligen Sprache ſo verkehrt ausſprechen, daß es die gemeinſte Dirne bedeutete. Inzwiſchen Gorilla vertraut, iſt überhaupt ſehr ſtark im Vertrauen, ſo lange ſeine Taſchen verſchont bleiben. Erſcheint vor Atta auch gewöhnlich mit leeren Taſchen. Doch betet die alte Gorilla und ſingt auch, beſonders im Gottſeibeiunstempel, in der jedesmaligen Sprache des Landes, wo ſie auf ihrer Wanderſchaft nach Jeruſalem temporären Halt macht. Ah, glaub' es nur, das Sammelſurium giebt eine ganz vortreffliche Sauce! Die neue Sprache, verſetzt und gewürzt mit der alten! Kein Nektar, kein Ambroſia kann ſo deliciös ſein, wenn der Duft nach oben ſteigt. Hat Recht die Gorilla. Wenn der Hauptzweck alles Betens und Bettelns doch bloß iſt, etwas zu erlangen, ſei es ein

Stückchen Seligkeit und Ewigkeit, oder Hab' und Gut, oder Kraft und Macht, warum nicht Atta von allen Seiten und vermöge Aufgebots aller Mittel, die im Bereiche der Möglichkeit aufzutreiben, so packen, so ihm die Kniee umklammern, daß er nicht entrinnen kann? That man's früher mit Ochsen, Schafen, Lämmern, Tauben, auch zu Zeiten mit lebenden Gorillas, um Atta einen angenehmen Geruch zu bereiten, so thut man's heute unter Sang und Klang und Paukenschall in wo möglich solchen Tönen, die besonders erinnerungsreich Atta's Trommel= fell angenehm touchiren.

Um nun den Kultus so recht in seiner Glorie bewundern zu können, trieb's mich in das Innere der Kirchen, Synagogen, Moscheen der Gorillas. Da thut sich Dir auf, o Mensch, ein ganz anderes Reich. Das Reich der Unendlichkeit in der Endlichkeit; das Reich der Unsicht= barkeit in der sichtbaren Durchsichtigkeit; das Reich ewiger Wahrheit und Gerechtigkeit in dem offenen Bekenntniß der Niederträchtigkeit und Schurkenhaftigkeit Aller in Handel und Wandel und täglichem Treiben, ja in Sinnen und Brüten; das Reich ewiger Weisheit und Klar= heit in orakulösen Phrasen, dunkeln Sagen und Mythen; das Reich der Freiheit und Offenheit in ausschließlich kanonisirten Bräuchen; das Reich unendlich erwärmenden Lichts im dunkeln, düstern Schatten! Alles, Alles mahnt Dich, aller gewohnten Gedanken und Vorstellungen Dich zu entäußern, sie draußen zu lassen sammt Lust und Begierde. Alles, Alles ladet Dich ein zur Wallfahrt in's Unendliche, Uebernatür= liche, in's Etwas, in's Weiß nicht was! Wenn nur die Gorillafratzen andere wären, wenn nur nicht allüberall die Hohlheit durch die Löcher Dir entgegen grinste. Würde gerne ein Opfer bringen. Würde auf einen Augenblick gar selbst mitmachen. Würde auch selbst mit dem spärlich zugelassenen Licht vorlieb nehmen, selbst hart kämpfend mit dem gewalt= sam sich vordrängenden Vergleich mit den düsteren Läden des Kauf= manns, dessen gerechtes Interesse es heischt, das Licht von seiner Waare ferne zu halten, das oft so injuriöse Licht. Hat doch auch der Schatten sein Gutes. Beschattet die Mäkel des Kaufmanns im Diesseits, und die des Lohnlakaien, wenn er an die Hand Dich faßt und Dich in's Jenseits führt, in's unendliche Reich der Schatten, auf welche so zart, so wonniglich der heiligen, fleckenlosen Jungfrau Frau Maria Joseph's Beschattung anspielt. Wenn sie nur nicht so gewaltig heulten, die Gorillas, ihre Mäuler nicht so weit aufrissen, nicht so die Augenlider zusammenkniffen, und so monotone Töne aus ihren Gesangbüchern heraus Atta vorleierten, würde all ihr, mir, leider, nur zu bekanntes tägliches Treiben vergessen, und für den Augenblick nicht derer gedenken, die sie schinden und scheeren alle Tage und immerdar. Und dauerte der monotone Sang und Orgelklang nicht gar zu lange, nicht leicht würde Dir die Entdeckung der weisen Absicht und des klugen Zweckes des Hirten, bevor er auftritt und die Heerde anredet, erst vollständig aufzuräumen mit allen ihren Gedanken, erst die Denkkraft selbst pure brach zu legen oder schlafen zu führen. Und wenn er dann plötzlich, wie ein deus ex machina aus der Seitenwand hervortaucht, und fertig dasteht im Schilderhäuschen, dem Hanswursten ähnlicher als einem Gorillagethier, mit hohem Turban und arglosem Schlabberläppchen, in weißem Hemde, dem Zeichen der Reinheit und Unschuld, oder auch in schwarzem Frauenkleid, der Farbe des Teufels, unbeweglich wie eine Säule mit herabhängenden Armen, oder auf der Herzgrube andächtig fromm gefalteten Händen, der Lady Gorilla gleich mit dem nachlässig flatternden, viel bedeckenden Taschentuche und dem Gebetbuche die hoch aufstrebende Taille verhüllend, wie er vor sich niederschaut, versunken in tiefe, heilige Andacht, plötzlich aber, wie von oben gerufen, nach des Domes Wölbung sein Auge richtet, stier, als sei er hysterisch schier; ich würde auch das ihm vergeben, würde denken, laß ihn Dir halt seine Streiche aufspielen, laß ihn halt den Bajazzo machen, will ja gerne etwas thun für die Sonntagsgage, will wenigstens zeigen, daß er sich befleißigt, für den Sonntagstagslohn à fünfzig bis dreihundert Thalern seine Kunststücke so gut wie möglich vorzuführen. Wenn es aber dann, Deine Ruhe gewahrend und sie sofort für Schwäche deutend, die Mähnen schüttelt, das Gorillagethier, wenn es sich räuspert, und die drunten in der Hürde kleinäugig, offenmaulig, gaffend dasitzend wahrnimmt, wie sie bereits zweckentsprechend denkunfähig geworden durch den einschläfernden monotonen Singsang, wenn er dann endlich zu reden beginnt: nun, ich sage Dir, dann hat wahrlich der Spaß ein Ende. Er spricht, ja, ja, er spricht. Aber was für ein Ton ist das! Bah! Er spricht nicht in dem Tone anderer Sterblichen. Nein, niemals! Spricht nicht in dem

Tone der Erzählung, der Schilderung, nicht in dem des Erklärens, Argumentirens, Debucirens: nicht belehrend, nicht unterweisend spricht er. Nein, nein! Sein Ton ist ein ganz anderer, seine Weise eine ganz absonderlich eigene, rein für den Zweck erfunden. Er spricht in — einem über Alles erhabenen, gestreckten, gedehnten, salbungsvollen, Majestät strahlenden, gleichsam überirdischen, Inspiration dokumentirenden, Zweifel ausschließenden, Widerspruch, selbst Bedenken, nicht gestattenden, oft weichen, sanften, einduselnden, oft donnernd niederschmetternden Tone! Du möchtest den Ton vergleichen mit dem nicht erschrecken wollenden, sanft sich insinuirenden Tone des Ahnherrn, als er, allwissend, fragte: „Wo bist Du?" Oder mit der majestätischen Donnerstimme auf dem Gipfel Horeb's, die Gorilla in devoter, zweckdienlicher Entfernung hielt. Oder auch mit der Zornesstimme, die den Führer der Gorilla anrannte: „Fort, packe Dich, Dein Gevolk-da, das Du Dir aus Egypten geführet, ist aus Rand und Band!" wenn Du nur damals dabei gewesen wärest. Oder mit der Schalmei des Hirten, wenn er hinter seinen Lämmern daherwankt. — So viel indeß ist gewiß, der Lohnlakai hat guten Grund für den Ton. Hat ihn Jahrelang einstudirt, als er noch loser Bursche war an der Universität, und später als Maulaffe in der Kandidatschaft, einstudirend das Unschuldigthun, das Heiligthun und die Frömmigkeit. Was immerhin er sagt, Beweis ist nicht nöthig, schon dem Inhalte gemäß, auch obrigkeitlich polizeilich — juridisch jeglichem Widerspruch entzogen und sanktionirt. Der Ton beweiset, der Ton überzeugt, der Ton zieht an, erhebt, begeistert, reißt hin — die ganze große Heerde in Entzücken. Schließe daher Deine Ohren ein Weilchen mit beiden Händen, da es Dir als Menschen fürwahr nicht darauf ankommen kann, was immer der Lakai in der Moschee, oder der in der Synagoge, oder der in der Kirche sagt, haben ja alle, und überall, und stets schon im Voraus, bei den Schafen in der Hürde und bei der resp. Obrigkeit, Recht, und richte Deine Blicke auf den Heros, wie er dasteht und leibt und lebt im Schilderhäuschen. Kommt's Dir doch vor allem darauf an, **den Gorilla und seine Sitten und Gewohnheiten zu erforschen.** Wie gar ernst die Fratze des Comödianten! Ob ihm der Ernst wohl noch tiefer geht als seine Taschen, die er sich heute, am Sonntag, am heiligen Sabbath des Herrn, gar weidlich spicken läßt für die saure Arbeit? — Und ob das wohl eine Arbeit! Eine gar saure, oft schweißtriefende Arbeit ist es! Wird freilich auch lecker bezahlt die Arbeit! Ein Thaler der Satz, oder auch fünf Thaler die Phrase. Geschieht doch, Du mußt recht verstehn, Alles lediglich und allein zum Lobe des Herrn! Alles nur heilige Arbeit, gar nicht, durchaus nicht, des Geldes wegen. Es wird nur nicht zurückgewiesen, das Geld, dieweil der Hirte doch auch leben muß, der Arbeiter aber des Lohnes werth ist, die Arbeit auch nicht wohl zu anderer Zeit geschehen kann, als am Sonntag, wann Jeder die beste Zeit hat, frei von Arbeit ist, dieweil doch Niemand am heiligen Sonntag arbeiten wird, wenn der Heilige allein seine Bude offen hält. Welche Menge guter Gründe in einem schlechten Satze! Nun sieh' einmal, wie er arbeitet am Sonntag. Er ist nicht bloß Maulheld, er arbeitet sogar mit Händen und Füßen. Er klappert und trommelt freilich nicht. Das überläßt er den Helfershelfern hinter oder neben ihm an der Orgel. Aber was gar immer mit Armen und Händen, mit Beinen und Füßen, mit Augen, Mienen, Grimassen, Gestikulationen und Jaktitationen des Körpers ausgerichtet werden kann, verlaß Dich darauf, nichts bleibt unversucht. Er will es reichlich und ehrlich verdienen das Geld, der S a b b a t h s ch ä n d e r. Denn das Gebot, daß er im Schweiße seines Angesichts sein Brod essen solle, liegt ihm heute, am heiligen Sabbath, vorzüglich am Herzen, am Magen. Daß Dich der Gedanke nicht beschleiche, da sei es aus mit der Würde. Nimmer ist er, nimmer kann er sein ohne sie. Steht er still im Schilderhäuschen, er steht da in Würde; bewegt er sich, so thut er es mit Würde: in Ruhe und in Bewegung stets seinem hohen Vorbild nacheifernd. Ist seine Stimme süß, seine Grimasse süß, sanft sein Erscheinen, so ist es die süße Sanftmuth dessen, dem die Schuhbänder zu lösen, er sich nicht werth hält. Donnert seine Stimme, brüllt, heult das Gorillathier, so ist es der heilige Eifer für das Wohl seiner Heerde. Stampft es mit dem Fuße, rennt es wie besessen von der einen Ecke des Schilderhauses zur andern, und hämmert auf das heilige Buch, Ingrimms voll, Zorn entbrannt, Wuth erfüllt, so ist es überschwengliches Angstgefühl, nicht für die — Sonntagsgage, die ist ihm ja sicher, der Handel war ja vorher geschlossen — nein, für zeitiges und ewiges Wohl der ihm anvertrauten Lämmer. Prachtvoller Leithammel Du, dacht' ich, ah, wie gut, daß des Schilderhäuschens Wände Deiner Wuth Gränzen bilden! Aber ich war ganz und gar in Irrthum. Von den Schafen da drunten fürchtete keins des mächtigen Donnerers Ungestüm; sagten alle, als sie höchst erbaut, d. h. belustigt fortgingen: „Hat seine Sache gut gemacht, hat gut gebrüllt, geheult, getobt. Soll hundert Thaler Zulage haben für die Anstrengung. Wie troff der Schweiß von seiner Stirne!" Göttlicher Leithammel! Da kam mir der Gedanke, daß denn doch wohl etwas Anderes die Gorilla belustigt haben müsse, als die bloßen Bajazzostreiche des Schilderhausmannes. Dachte mir, hat er sie nur einmal die Woche unter seinen Händen, und ist er so ganz mutterwinzig allein mit ihnen, und keiner darf ihn unterbrechen, so gilt's ihm vielleicht heute ihnen beizukommen. Denkt vielleicht, heute soll und muß sie gepackt werden, gepackt von allen Ecken und Kanten her, seitwärts, vorwärts, rückwärts, in Liebe und Sanftmuth, mittelst Streichelns und Liebkosens, mittelst Versprechungen und Drohungen, durch Leid' und Freud', Winseln und Stöhnen, Weinen und Wehklagen, Heulen, Schreien, Donnern und Toben, die hart zu bewegende, dickfellige böse Bestie. Nahm mir vor nochmals hinzugehn, und um ihm Gerechtigkeit widerfahren zu lassen, ihn gar nicht anzusehn, eine blaue Brille zu tragen, die Ohren nicht zu verstopfen und bloß zu hören. Vielleicht ist's der Inhalt seiner Worte, der das Gethier amüsirt. Viva vox docet. So saß ich denn da und hörte.

Was ich nun aus des Gorillapopen Gerede vernommen, wenn ich auf die Theatercoups verzichte, die das Gethier dem menschlichen Theater entnommen und nachäfft, läuft auf Folgendes hinaus.

Alles, was ich Dir sage, ist heilig. Abababa selbst hat's gesagt. So nennt der Pope nämlich, in scheinbar spielerisch-kindlicher Unschuld und heiliger Einfalt das höchste Wesen, während Spiel, Kindlichkeit und Unschuld sofort verschwinden, wenn der Geldbeutel auch nur leise berührt wird. — Alles, was Abababa gesagt hat, ist in dem Buche der Bücher, dem heiligen, enthalten. Alles, was darin enthalten, ist von mir, dem Diener Abababa's studirt, da ich mein Leben dem heiligen Dienste geweiht habe. Was daher von mir, dem Diener Abababa's geschieht und gesprochen wird, wird gethan in heiligem Eifer für den Herrn. In mir verehrt ihr den Herrn! Sollten aber meine Werke miserable schlecht sein, so paßt darauf das Sprüchlein: „Der Geist ist willig, das Fleisch ist schwach." Oder auch das: „Hört auf meine Worte, sehet nicht nach meinen Werken." Vor allen das: „Richtet nicht, so werdet ihr nicht gerichtet." Laßt euch aber dabei nicht irre leiten von dem Sprüchlein: „An den Früchten sollst Du sie erkennen." Das gehört nicht hierher. Besser daher, die gewöhnliche, unkultivirte Gorilla fragt erst jedesmal, zum Wohle ihrer Seele, Ababaha's Stellvertreter, ob und wohin ein Sprüchlein gehört, **auf daß sie im Geleise glücklicher Einfalt verbleibe**." — — —

Freilich, dahinten in Asien hat die Gorilla auch heilige Bücher, die ein anderer Sohn Ababaha's verfaßt haben soll, viele Jahrhunderte vor Frau Maria Joseph's Sohn. Allein der Ababaha ist nicht der rechte, sagt Gorilla Bamboozle, **Dein Verstand**, edle Gorilla, sagt Dir, daß er nicht der rechte sein kann. Denn einmal soll er in Form einer Taube als heiliger Geist zu Zoroaster's Mutter sich begeben haben. **Lächerlich!** — Dann soll sie von ihm geboren haben, und ihr Kind, ohne Vater, der Sohn des heiligen Geistes sein. **Unsinn!** — Dann die **vielen Albernheiten**, die als Wunder erzählt werden, aber mit dem **klaren Verstande** in Widerspruch stehen. — So auch die Wunder des Propheten Mohamed. So seine Lehre vom Jenseits. Alles Dinge, die dem klaren Verstande widersprechen. Daher sind alle anderen Lehrer und Propheten, so lehrt Gorilla Bamboozle „**Betrüger**," nur nicht deine. „Wollten jene wohl," sagt Bamboozle, „die Sache in ihrem wahren Lichte betrachten? Verkünden wir vielleicht Lehren der Bigotterie, oder des Fanatismus, oder vielmehr die der Philosophie und des gemeinen Verstandes? Bitte, laßt uns doch überall mit Verstand zu Werke gehn. Ueberzeugt uns, wenn Ihr könnt. Wir sind zugänglich für Verstand. Aber wollet uns nicht in's Bockshorn jagen!" So die edle Gorilla des Occidents. Sie hat Recht, immer Recht, sogar Recht im Voraus und vor Anbeginn. Sie ist Philosoph, liebt gemeinen Verstand. Allerliebst! Liebt Fanatismus durchaus nicht. Allerliebst! Ist stets zugänglich für verständige Untersuchung. Allerliebst! Und zuvörderst denn beweiset ihr Buch, das Buch der Bücher, Alles vornehmlich durch **Wunder**. Wunder aber sind Dinge, die Dir unbegreiflich sind. Und malen sie nun Dein Fassungsvermögen überschreiten, so mußt Du auch gar nicht profan sie erklären wollen. Sie sind zu erhaben. Würden ja auch ganz und gar aufhören, Wunder zu sein, sobald Du entdecktest, daß sie natürlich sind. Und das ist es eben, was ihre Unergründlichkeit beweiset. Sie sind ewig unergründlich wahr und heilig. — So auch die Lehre zweimaliger Himmelfahrten, einmal in feurigem Wagen mit feurigen Rossen. Als Knabe, ja, ich gestehe es, konnte ich nicht begreifen, wieso sich der Himmelsfahrer nicht den Ehrensitz verkohlt habe. Und noch heute fühle ich ihn brennen, meinen Ehrensitz, wenn ich der Prügel gedenke, durch welche mein Lehrer mir die profane Frage einträukte, und mir logisch a posteriore die Heiligkeit bewies. War zu viel Kind damals, um zu verstehen, was ein logischer Beweis a posteriore bedeutet. Aelter geworden, verstand ich den Beweis. Bei allem Dem blieb ein Zweifel zurück. Inzwischen jetzt, nachdem ich weiß, wie ungemein kalt es droben ist, und wie viele Jahre der fromme Alte in seinem Feuerwagen mit feurigen Rossen gefahren sein muß, selbst wenn die Thiere mit der Schnelligkeit des Sonnenlichts gleichen Schritt gehalten, jetzt begreife ich endlich, wie selbst in feurigem Wagen ihn endlich gefroren haben mag. Ja, ja, es ist wahr, wie kurzsichtig unser Geist ist! Daher glaubt Gorilla Bamboozle Alles, was den Canon betrifft, dieweil Verstand ihn lehrt, daß der Canon über allem Verstand erhaben ist, und eben derselbe Verstand ihn lehrt, daß der Canon anderer Religionen unverständig, einfältig, betrügerisch ist, pure Charlatanerie. Da somit das heilige Buch selbst Dir erzählt, daß Frau Joseph vom heiligen Geiste concipirte, ehe sie Mutter mehrerer anderer Kinder wurde, ganz so wie andere Mütter es werden, so ist damit dreierlei bewiesen. Erstens, die Heiligkeit des ersten Kindes; zweitens, die Jungfrauschaft von Frau Joseph; drittens aber, daß die anderen späteren Kinder von Frau Joseph nicht den heiligen Geist und seinen Schatten, sondern Joseph zum Vater haben, und also nicht in direkter Linie mit dem erstgebornen stehn können.

Ist Dir nun die Wahrheit und Heiligkeit durch die vielen Wunder klar geworden, die Du wahrlich nicht vergleichen willst mit den marktschreierischen Kunststücken eines Gorilla Bamboozle, wenn er seine Zeitung und Kalender Dir als die besten anpreiset, oder der Charlatane auf den Jahrmärkten: dann, ja dann geht Dir das wahre, ewige Licht auf. Du siehst nur in dem Gestell des Kreuzes Segen und Erlösung. Was ist Erde, was Erdenleben? Nichts, gar nichts! Nur das Buch und was es enthält ist Alles.

Des Buches Worte aber sind so einfach, so klar und verständlich, daß sogar das Gorillakind sie versteht. Du weißt zwar, daß die alte Sprache, in der damals gesprochen und geschrieben, längst todt ist. Du weißt, daß jetzt nur Wenige, Gelehrte, sie verstehen. Du weißt, daß selbst die Gelehrten oft uneinig sind über den Text. Du weißt, daß Jahre vergingen, ehe das niedergeschrieben ward, was geredet worden. Du siehst die Uebersetzungen in den wichtigsten Dingen bedeutend von einander abweichen. Du giebst Dich endlich der Idee hin, die es sonderbar findet, Wohl und Wehe, ewiges Heil und Verdammniß, von vagen, mysteriösen Referaten trüber Referenten, von widersprechenden Uebersetzungen aus alten, längst todten Sprachen abhängig zu machen.—Du hast selbst von Fälschungen gehört, die Popen mit ganzen Büchern vorgenommen. Du hast die Wahrheit vernommen, daß die ganze alte „Lehre," wie sie heute vorliegt, eine von Popen wahrscheinlich untergeschobene ist, daß sogar die zehn Gebote, wie die Welt heute von ihnen spricht, durchaus nicht diejenigen gewesen sind, die auf den zwei Tafeln gestanden; daß auf den zwei Tafeln ganz andere zehn Gebote Inhalts des zweiten Buchs Mosis gestanden. — Hüte Dich aber, Dir irgend eine Meinung zu erlauben, wie die wäre, daß der ganze Kram ein bloßer Firlefanz, Taschenspielerkünste, Jongleurstreiche, im alten wie im neuen Testamente ist, und daß beide Bücher einzig der Geschichte als Geschichtsbücher angehören. Hüte Dich, eine Meinung in Dir aufkommen zu lassen, die an die Aechtheit, Heiligkeit und ewige Wahrheit auch nur eines Wortes, auch nur einer Sylbe auch nur den allerleisesten Zweifel hegen könnte. Dein Standpunkt, sofern Du Dein zeitiges und ewiges Wohl vor Augen und im Herzen hast, ist nicht der des Wissens und Erkennens, liebenswürdige Gorilla, sondern der des Glaubens. Glaube, meint selbst Gorilla Bamboozle, kanonisch und philosophisch, und riefe Dein Verstand Dir unaufhaltsam zu: Unsinn, Schwindel, Betrug, Gaukelei, Taschenspielerei — und wäre das allesammt handgreiflich klar — glaube! Alles aber ist oder wird Dir plötzlich klar, sofern Du nur glaubst. Fest wie der

Fels am Meere soll Dein Glauben sein. Dann wird auch der leiseste Funken Verstandes abprallen, wie die Woge des Meeres sich an dem Felsen bricht.

Hätte als Mensch auch selbst dagegen blutwenig. Muß es ja auch solche Käuze geben. Wenn nur das Gethier hübsch in seinem Revier verbliebe, könnte meinethalben alle Tage einen andern Burzelbaum schlagen, à la Gorilla Bamboozle. Aber siehe, da stürzt es hervor als trüge es Hörner am Kopfe, und rennt und wüthet, und schimpft und schmähet gegen alles und jedes, außer seinem Revier Belegene, was doch im Grunde auf ganz derselben Basis, auf denselben Maximen beruht, wie, halter, das Seine! Nennt anderer Gorilla Glauben, ehrlich, schlecht und recht sich dünkender Gorilla in Asien, in Afrika, Charlatanerie, Betrug, dieweil — nun ja, dieweil die in Asien und Afrika, eben nicht ganz denselben specifischen Unsinn, Humbug, Firlefanz, wie er, verehren, anbeten, glauben, nicht dieselbe Frau Joseph, nicht dasselbe Kreuzgestell, nicht dieselbe Perlenschnur zum Beten, nicht denselben Seligkeitsjuchhebadusel. Ganz wie die Gorilla sich dort die Ringe in Lippe und Nase steckt und damit einherstolzirt, und deshalb nicht so gebildet erscheint wie die hiesige, die sich beide Ohrläppchen damit behängt, so ist jene auch nicht so christianisirt, weil sie nicht auf dieselbe Weise träumt, duselt und schwindelt. — So siehst Du denn nun alle Sonntage die gebildeten Gorillas in aller Christlichkeit, voll von strotzendem Glauben, aufgebläht, die Straßen durchwandeln. Haben eben zu Schurken und gemeinem Gesindel vor dem Herrn sich bekannt, was sie sofort, in selbem Augenblick, vor den Richter gestellt, eidlich leugnen, fühlen sich neugestärkt, wie der materiell in Fusel Verseligte. Sind gläubig wie das Kind, sind kindlich rein, wie die Unschuld selbst. Sind unschuldig wie das Lamm. Sind allesammt ergebene, unschuldige Lämmer in Kirchen, in Synagogen. — Doch in letzteren gewahrst Du als Rest der alten „Lehre" noch etwas Verschmitztheit neben der heiligen Einfalt — eine ganz besondere Gorillaspecies, die der verschmitzt einfältigen, unschuldigen, heiligen Lämmlein, im Gottseibeiunstempel zu Hause.

Ich vernahm ferner aus des Popen Gerede, daß die Gorilla gebunden und verpflichtet sei vermöge Taufe, Confirmation, Gelöbniß. Als ob das bloße Begießen eines Neugebornen mit kaltem oder heißem Wasser geheime Kräfte besäße, oder das unmündige Ding gar verpflichte! — Als ob das Nachplappern dessen, was der Pope hier in Amerika, dort in Europa, hier in dieser, dort in jener Sekte, die vierzehnjährige Gorillabrut nachzuplappern gelehrt hat, wie gewisse Laute dem Papageien, die unverständige, unreife, unerfahrene Brut verpflichten könne für's Leben! — Als ob je eine Abweichung stattgefunden hätte, je eine freie Antwort gegeben wäre, nicht stets hier gorilla-katholisch, dort gorilla-lutherisch, hier gorilla-ebräisch, dort gorilla-reformatorisch, dieselben Worte nachgeleiert, die der jeweilige Einpeitscher vorgeleiert! — Da solltest Du denn die Feierlichkeit sehn, wenn die jungen Gorillas, Männchen und Weibchen, inmitten ihrer Alten in festlicher Kleidung dastehn vor dem jongleurartig aufstaffirten Heiligen in weißer Cravatte! Er aber legt der Brut die stets fertigen Fragen vor, und nimmt zur Erbauung der Menge die lange vorher eingepeitschten Antworten als freigegebene pflichtschuldigst entgegen. Heiliger Aft, hochheilig! Wie sie alle in Glorie strahlen! Doch gönne ihnen die Lust. Habe mich ja sogar als Mensch oft erbaut, wenn ich auf der Straße einen Affen tanzen sah, und noch mehr, wenn gar zwei, und wenn ein Dromedar da war, und gar ein Bär. Doch der war oft interessant, zeigte mitunter einen eigenen Willen, stand auf seinen Kopf, knurrte und brummte, und verweigerte zu tanzen, und dem Treiber ward bange. Doch Kopf — Kopf — nun freilich Kopf verlangst Du nicht, wenn die edle Gorilla ihre Kunst Dir zeigt. Auch wird ihrem Treiber nicht bange. Wäre auch nicht gut. Würdevoll aber benahm er sich stets, solch ein Dromedar-, Bären- und Affenführer, war, ich erinnere mich noch, meist auch drollig gekleidet, zwar nicht in langem Frauenhemde, weiß oder schwarz, wäre auch hinderlich im Gehn gewesen, sondern mehr als Bajazzo. Denn Du mußt wissen: erstens, zeigte er seine Kunststücke auf der Straße, nicht in der Kirche, nicht im Tempel; zweitens, mußte er gehn, hatte nicht still zu stehn; drittens, ist er aufrichtig und bekennt sich zu seinen Kunststücken; und viertens, hat er's mit Gethier zu thun, dem er Verstand eingepaukt hat, nicht mit solchen, denen er Verstand auszutreiben beflissen gewesen. Freilich ungleich schwieriger für den Einpauker der Gorillas.

Sodann hörte ich ein Langes und Breites über die Heiligkeit des Sabbaths, Sonntags. Wenn irgend etwas, so muß das Dich belehren, daß die Gorilla weit, weit unter dem Menschen steht. Aber sie steht unendlich hoch über ihm in Verschmitztheit und Schlauheit. Denke Dir, da tritt ein Pope vor eine solche Gorillaheerde und sagt ihr alles Ernstes, sie müsse keinerlei Arbeit verrichten am heiligen Sabbath, kein Geld machen. Und er thut's selber, er allein von allen, in offenem, hellen Tageslicht. Ja, gerade diesen Tag hat er einzig sich ausersehn; an allen anderen verdient er nichts, der Schlingel, der Faulwams. Dies allein ist sein Geschäfts-, sein Werk-, sein Handelstag; die Kirche sein Markt. Und die Gemeine sitzt da, und hört dem ruhig zu, ja, läßt sich mitunter sogar recht garstig schimpfen und schelten, wenn der eine oder der andere dem Popen nachahmt und arbeitet, um für seine dürftige Familie eine Kleinigkeit zu verdienen. Die Frechheit des Lakaien hat in der That keine Grenzen, oder ganz gleiche mit der Stupidität der Zuhörer. Er macht die Heerde bei sehenden Augen blind. Schwatzt ihr vor, er thue es — Abababa's wegen, aus purer Liebe. Allsonntaglich für die Arbeit fünfzig, ein-, zwei-, dreihundert Thaler entgegen nehmend, sagt er, er thue es um Gottes willen! Ist Dir je eine frechere Lüge vorgekommen? — Jahre lang auf die professionsmäßige Arbeit studirt habend, sagt er, es sei keine Arbeit. — Ganz so wie der Schulmeister, der Jurist seine Wissenschaft, die er geschäftsmäßig betreibt, vorher erlernt, so thut er es. Nicht anders wie jeder Handwerker bezahlt wird, wird er bezahlt. Aber er erfrecht sich, den Gorillas vorzuschwindeln, es sei keine Arbeit, er thue es nicht für Geld, er thue es in heiligem Dienste des Herrn! — Als ob die arme Mutter, die ihrem Kinde das einzige Hemde wäscht am Sonntag, ihrem Gatten das Zeug ausbessert, dieweil er und sie in der Woche für andere arbeiten mußten, nicht ein heiligeres Werk verrichtet!

Aber wenn die Fürsten der Gorillas vorzugsweise Sonntags die Parade der Söldlinge abnehmen, und die Gorilla von früh Morgens arbeiten, putzen muß, daß der Schweiß ausbricht, und dann exerciren und parabiren, da hilft der Lohnlakai sogar und findet nie Makel! —

Auch beliebt der Pope gerade am Sabbath vorzugsweise gut und stark zu speisen, nicht etwa Manna, Tags zuvor gesammelt und bereitet, im Schweiße des Angesichts — seiner Heiligkeit? — o, nein, der Diener in der Küche, seiner lieben Brüder und Schwestern! —

O, die Heuchelei, die Lüge, die Täuschung der Massen, o, die Frechheit! „Herr," dacht' ich bei jedem seiner Worte, „stets mögest Du sie segnen mit stets wachsender Dummheit, mit mehr Stupidität!" ist doch sein Hauptgebet.

Ich ging. Unterweges dachte ich des Mannes, der Dich für einige Pfennige durch ein großes Fernrohr sehn läßt nach dem Monde, oder dem großen Bär. Und während Du andächtig hinschauest, schleicht ein Taschendieb herbei und leert Deine Taschen. Ich achte Dich, Taschendieb, für die Heimlichkeit, in der Du Dein Kunststück übst, für die Stille, in der Du davon schleichst, für die Verborgenheit, in der Du Dein Geschäft birgst. O, wie hoch stehst Du über dem Gauner, der die Taschen leert, den Geist verdreht, ein Telescop Dir vorhält, Bezahlung fordert und nimmt, und nichts zu zeigen hat! — Könnte ich malen, könnte ich schildern, könnte ich singen, die Welt sollte Euch kennen! So aber bleibt mir nichts, als in schlichten Worten Mitmenschen zu erzählen, was ich wahrgenommen. Dabei habe ich, ich gestehe es, oft mir gewünscht, sarkastisch schreiben zu können. Denn es erfordert eine Engelsnatur, nicht unwillig zu werden, nicht gram der Gorilla, die doch immerhin ein Theil des Ganzen ist, nicht ganz und gar Achtung und Liebe zu verlieren. Ein wenig Ironie stand mir dann und wann hülfreich zur Seite, und ich vermochte weiter mit ihm zu verkehren, dem aufgeblähten Gethier, das sich jeweilig erkühnt, mit Menschen sich zu vergleichen.

Hätte die ganze Heerde mit dem Leithammel an der Spitze nicht so gravitätisch ernst gethan mit Seele und Unsterblichkeit, mit ihrem Gotte, mit Gottes-Mutter, mit heiligem Geiste, mit Beschattung, mit Jungfräulichkeit und Unbeflecktheit, mit dem Herrn Sohne, mit Wundern, mit Himmelfahrten, mit Zorn und Wuth und Aussöhnung des Vaters, mit der Dreiheit in der Einheit, und der Einheit in der Dreiheit, mit der Gnade und der Strenge, mit der Gerechtigkeit und der Bevorzugung und Auswahl, mit dem großen Teufel und all den kleinen; ich würde es längst nicht so ernst genommen haben. Wie die fashionable Lady Gorilla mir gar oft ihren Plunder zeigt, und selbst liebenswürdig lächelt ob der Tollheit und Narrheit, die sie mitmache, weil Mode es heische; wie sie oft ihre Haarpyramide vorzeigt, ihre künstlichen Zähne, ihre Watten- und Wollknäuel, überzeugt, daß gerade ihre Offenheit und Unbekümmertheit jedem Ehrenmann es zur Pflicht macht, in Gesellschaften und überall ernsten Angesichts ihren Haarwuchs, ihre Perlenzähne, die Völle und Rundung ihrer natürlich schönen Formen zu bewundern, so würde es jeder denkende, ch r i st l i ch f ü h l e n d e Ehrengorilla als heilige Pflicht erachtet haben, wo nur immer der Pope in seiner Possenhaftigkeit sich zeigt, sei es im Schilderhäuschen oder anderswo, sei es in der Kutte, oder im Weiberhemde, oder in sonstigem Plunder, ihm mit respektvollem Ernste zu begegnen und in gläubiger Miene alle seine Streiche und Kunststücke sich aufspielen zu lassen. Sollen doch schon die Auguren klassischen Angedenkens die Kunst geübt haben, das Lachen zu unterdrücken, wenn sie einander begegneten. Der Lady Gorilla vergiebst Du. Sagte sie Dir doch offen und einem Jeden andern in Vertrauen, sie liebe zu gefallen. Den Jongleur aber trifft Deine Verachtung, der Dir seinen Plunder, seine Streiche und Possen als Wirklichkeit vorgaukelt und obendrein im Stillen' Dich auslacht, weil Du ihm vertrautest. Eben weil er sich als den Priester des Herrn, Dich aber nicht für ebenbürtig hält — dieweil und sobald Du ihm Gehör schenkst. Hat immer Gorilla Samuel im Auge, der einen König absetzte und einen andern einsetzte, und Gorilla Gregor mit dem büßenden Kaiser draußen in der Kälte vor seinem Thore.

So schließen wir denn für diesen Band das Capitel über die Religion des Gorilla, nachdem wir angelangt sind, von wo wir ausgingen.

Wir behalten uns vor, im speziellen Theile dieser Schrift über die Rechtslehre und Rechtspflege des Gorilla, über sein Leben in der Gesellschaft und im Staate, über Sanitätspflege, Polizei, Politik u. dergl. zu berichten. Viel Gescheidtes erwartest Du sicher nicht von ihm, nachdem Du ihn, wie vorstehend, kennen gelernt hast.

Durchwandelst Du Nachts seine Städte, die großen wie die kleinen, ja sogar die Dörfer, sei es in Europa, sei es in Amerika, so findest Du alle Häuser verschlossen, verrammelt, verriegelt, als ob sie Festungen seien. Du findest jede Straße bewacht, und dort, wo Sachen von besonderm Werthe angehäuft, außer polizeilicher noch besondere Privatwache. Ein jeder besorgt Diebstahl. Jeder gesteht so durch die That, daß er inmitten allgemeiner Dieberei lebt. Keiner traut dem Nächsten. Ja, wer sein Haus Nachts offen ließe, und am nächsten Morgen, bestohlen, bei der Polizei es anzeigte, würde sicher als verrückt oder als ein Sonderling betrachtet werden. Ganz offen nennen sie ihre großen Städte ohne Ausnahme die Treibhäuser des Lasters, und gestehn ein, daß die Atmosphäre der kleinen eben nicht viel besser ist. Im Allgemeinen findest Du unter der gebildeten, feinen Klasse eine Vereinigung von Lastern, wie Lügen, Täuschen, Betrügen und Meineid, Schandthat, Raub und Mord — gleichsam ein anderes Unterscheidungszeichen der gebildeten von der ungebildeten Klasse. Nun solltest Du aber die Gorillas bei Tage im Verkehr beobachten. Wie ehrenhaft sie thun, wie redlich, gerecht, wie vertrauensvoll, wie liebreich! — Das ist es, was sie strenge Rechtspflege nennen, Nächstenliebe, christliche Liebe — und leben Nachts auch nicht einen Augenblick in ihren eigenen Häusern, hinter Schloß und Riegel, sicher gegen Raub und Mord! —

Soweit haben sie es gebracht mit ihrer Rechtspflege, so weit mit ihrer Religion, so weit mit ihrer Moral! —

Das ist ihr Leben, das sie Christlichkeit nennen. Das sind die Früchte ihrer Kultur, ihrer Civilisation. —

―――――

Im Geschäftsleben — das Spezielle darüber mit nomen et omen später — gilt principiel das Axiom, Jedweden als schlecht zu betrachten, Niemandem zu traun. — Da solltest Du denn die Artigkeiten sehn, die Aufmerksamkeiten, das Entgegenkommen, die Ergebenheits-Versicherungen hören! Du hast sofort den Schnickschnack aller ihrer Versicherungen in deutsch zu übersetzen: „Ihr könnt mir alle gestohlen werden, wenn ich Euch nur Sand in die Augen streuen und Eure Taschen leeren kann!" — Früchte der Civilisation, Cultur, Christlichkeit! — Jedoch gestehn sie offen, daß Christlichkeit nicht in's Geschäftsleben gehört, sondern bloß in die Religion und in die Kirche. Für den Geschäftsverkehr gelte der Grundsatz: „Sperr' oculos!" wie in socialem

Leben: „Thüren verschlossen!" Wer das nicht thue, solle sich nicht beklagen, wenn ihm das Seine abgeschwindelt werde.

Als Schwindler, Heuchler, Lügner und Betrüger, als Räuber, Verleumder, Falschschwörer bekennen sie sich offen, alle Tage von Neuem, vor Atta, ihrem Gotte. Sie nennen das fromm Demuth, ein freiwilliges, ch r i st l i ch e s Bekenntniß. Auslagen — keine! Wenn aber vor dem Richter, wo Ehre und Pflicht Wahrheit heischen, oder in gegenseitigem Verkehr, in Gesellschaften, da schwört Jeder bei seiner makellosen Ehre und auf's Wort; keiner bekennt sich zu irgend einem, auch nicht dem geringsten Verstoße. Im Militärstande, d. h. in der Klasse, die sich ein wissenschaftliches Studium macht aus Deinem Weh und Verderben bis zur Vernichtung und Ausrottung, erscheint der Gorillaofficier ehrlos, unwürdig fernern Verkehrs mit seinen Standesgenossen, wenn er nicht sofort Dich tödet, Falls Du erklärst, daß Du ihm glaubst, daß er das ist, wozu er sich so eben vor seinem Gotte bekannt hat. Solches Verfahren nennt er S t a n d e s e h r e, R i t t e r l i ch k e i t.

Vor dem Gerichtshofe gilt der Grundsatz: „Ein Jeder wird als gut präsumirt, bis das Gegentheil erwiesen ist!" Im Geschäftsleben: „Jeder wird für schlecht gehalten, bis er das Gegentheil dargethan!" Die Religion lehrt: „Jeder ist schlecht von Jugend auf!" Vor Atta, freilich, um ihm etwas abzubetteln, tragen sie nie Scheu, zu allem Schlechten und Erbärmlichen sich zu bekennen. Sie meinen, das kostet ja nichts, und kann nur vortheilhafte Folgen haben. Dabei hält sich Niemand für egoistisch. Solche Praxis nennen sie ein L e b e n n a ch P r i n c i p i e n. Das ist ihre K u l t u r, C i v i l i s a t i o n, C h r i st l i ch k e i t.

Außer dem Gesellschaftsleben haben sie auch ein Staatsleben, wie der Mensch, der selbst aus der Abnormität eine Tugend zu machen und diese zur Perfektibilität zu steigern weiß. Der Mensch aber weiß doch wenigstens, daß eben weil das Gesellschaftsleben kein vollkommenes ist, für die Mängel Sorge getragen werden muß, um sie für die Gesellschaft so unschädlich wie möglich zu machen. Daher denn ist er stets ein-

gebenk, daß das Gesellschaftsleben das normale ist, nicht das Staats=
leben. Die Gorilla aber dreht es in ihrer Nachäfferei um. Sie denkt,
im Staatsleben läßt sich öffentlich gloriren und profitiren, und macht
es zur Hauptsache, das Gesellschaftsleben zur Nebensache. Daß sie
aber das Gesellschaftsleben opfert, tödet, während sie das abnorme Leben,
das Staatsleben, à la Bamboozle, mittelst unendlicher, in's Kleinliche
gehender Vorschriften, Gesetze, Regeln zu dominirender Höhe poussirt,
gewahrt sie eben so wenig, wie Bamboozle gewahrt, daß er z. B. dem
Institut der Ehe völlig den Garaus macht, indem er dem Weibchen eine
abnorme Stellung zu sichern bestrebt ist, oder daß er seine Kräfte dem
Verfall des Gesammtstaates widmet, indem er kräftigst Alles zerstört,
um der Abnormität das Supremat zu verschaffen.

Die Gorilla hat auch Schulen.

In ihnen unterrichten Lehrer, die für den Stand erzogen sind, die Jugend nach bestimmten Regeln. Als ich die Schulen der alten und neuen Welt mir ansah, konnte ich freilich dem ersten Eindrucke kaum widerstehn, den das Leben der Gorilla und ihr Treiben auf mich gemacht hatte. Ich dachte, vorzugsweise hier sind die Pflanzstätten zu finden nach dem Motto: „Jung gewohnt, alt gethan.

Ich ließ es mir daher angelegen sein, jenen Eindruck ferne zu halten, um vorurtheilsfrei zu beobachten. Laß Dir, Leser, in kurzen Umrissen mittheilen, was ich wahrgenommen. Wenn die Gorilla irgend Interesse für Dich behalten hat, so können Dir die Schulen, die Erziehungs-Anstalten, gewiß nicht gleichgültig sein.

Gleich auf der Schwelle begegnest Du Widersprüchen und Problemen, die bis heute unübersteigliche Hindernisse der Aufklärung in den Weg gelegt haben, und bis heute ungelöst dastehn. Denke nur, seit Jahrtausenden dünkt sich das Thier das begabteste unter allen; seit Jahrtausenden lehrt es und hat Lehranstalten, Schulen; seit lange rühmt es seine Civilisation; und solltest Du es auch nur vermuthen, es weiß bis heute nicht,

     wer lehren soll, und

     was gelehrt werden soll! —

Bis heute, sage ich, steht das Gethier auf der Schwelle, und disputirt über beide Fragen, und schämt sich nicht, à la Bamboozle, in den Tag hinein zu schwatzen, über Dinge abzuurtheilen, Prinzipien als zweifellos und korrekt in die Welt zu schleudern, die es morgen widerruft, lächerlich macht, einzig und allein das darthuend, daß es schwatzte, und nichts von dem Ding verstand.

Wer lehrt in den Schulen?

Lehrer und Lehrerinnen.

Was lehren sie?

Wovon sie am wenigsten verstehn.

Wen lehren sie?
    Ein Geschöpf, das sie nur dem Namen nach kennen.
Nach welchen Grundsätzen lehren sie?
    Entweder nach keinen, oder nach unnatürlichen.
Welchen Zweck erstreben sie?
    Aeußerlichkeit und Scheinbildung.
Wer inspicirt die Schulen?
    Unkundige.

Ein Blick in die Schulen giebt nicht bloß Beweise in Menge, sondern giebt nichts anderes als Beweise. Da stehn Lehrer und Lehrerinnen, die kaum das Handwerkszeug gelernt haben, mit dem sie arbeiten, noch weniger irgend etwas verstehn von der zu bearbeitenden Kreatur. Von dem Jungen, das sie bearbeiten, haben sie durchaus keinen weitern Begriff als die Katze haben mag von ihren Jungen. Sie wissen, daß das kleine Thier Gorilla heißt, und daß ein Gorilla kein Elephant, kein Vogel, keine Auster ist. Das ist ungefähr Alles. Viel mehr wissen sie wahrlich nicht von dem Geschöpf, das sie bilden wollen. Bilden? — O, heilige Einfalt! Fürwahr, der göttliche Sauhirt verstand von seinen Säuen mehr als der Lehrer von seinem Schüler! Von seinen Organen weiß er nichts, von seinen Systemen versteht er nichts. Von dem Leben des Gehirns und der Nerven kennt er nichts. Denn was Gehirn und Nerv sei, hat er nie erfahren. Doch behaupten alle, Anatomie, Physiologie, Psychologie studirt zu haben, wenn Du auswendiglernen von Namen und Wörtern studiren und verstehn heißt. Ganz wie die sogenannte gebildete Gorilla Lady mit ihrem Arzte von Dyspepsie, Neuralgie, von biliösem Zustande faselt, und alles Kauderwelsche damit bezeichnet, aber in der That rein nichts davon versteht; nicht anders, wie jeder Bauerntölpel in platter Mundart von Krampf, Erkältung und Rheumatismus spricht: ganz so spricht der Lehrer von Hirn, Herz, Lungen, Leber, Nieren, Nerven. Dabei wäre nicht viel verloren, wenn er nicht in seiner Unkunde alle Augenblicke auf eben das Gehirn, auf eben das Herz, auf eben diese Nerven Gottes erbärmlich loshämmerte. Wie viel oder wie wenig dieses oder jenes Gehirn der armen, unschuldigen Brut, die den Händen solchen Tölpels anvertraut ist, verträgt, nun, freilich, das weiß er nicht. Er hat so etwas aus Büchern in abstracto aufgeschnüffelt, spricht auch weise von schwachen oder starken Nerven, als ob es Seidenfäden oder Segeltaue wären. Aber Naturkenntniß? Ja, ja! Er ist ja nicht Arzt, meint er, die gebraucht er nicht für seinen Kram. Naturkenntniß! Hm! Sollen ja nicht alle naturwissenschaftlich gebildet werden! Sollen schlichte Bürger werden, meint Gorilla Bamboozle. — Sind aber doch, sollt' ich meinen, Dinge, die in der Natur leben, die Organe haben, und vermöge der Organe ihren Rang einnehmen unter allen Geschöpfen. Kennt doch der Gärtner außer dem Erdreich auch die Pflanze, die diesen oder jenen Boden liebt, und vorzugsweise in ihm gedeiht. Will doch der Lehrer das ganze Geschöpf bilden, erziehn, nicht die eine oder andere Qualität je nach Gutdünken zustutzen. Er selbst aber versteht nicht das Ganze, nicht die Theile, versteht nicht das Band, das sie bindet. Er versteht nicht die Entwicklungsphasen der Organe, nicht den Einfluß auf's Leben, nicht den des Lebens auf die Organe. A b e r e r e r z i e h t u n d b i l d e t! — Er weiß nicht, was Norm ist für die verschiedenen Alter, für die verschiedenen Organe, für die Systeme; weiß nicht, was abnorm ist. A b e r e r e r z i e h t u n d b i l d e t! — Er kennt die Harmonie der Theile nicht, und nicht die Disharmonie. A b e r e r e r z i e h t u n d b i l d e t! — Er kennt nicht das Erdreich, nicht die Luft, nicht die Wärme, worin die Pflanze lebt und gedeiht, oder vergeht. A b e r e r e r z i e h t u n d b i l d e t! — Welchen Einfluß angestrengtes Sehn, Hören und Denken auf dieses oder jenes Auge, Ohr, oder auf Gehirn und Nerv, oder auf Blut, Herz, Cirkulation in dem einen oder andern, männlichen oder weiblichen Schüler hat, ob es zur Stärkung oder Schwächung, zu Leiden und Siechthum, zur Verderbniß, Zerstörung führt; er weiß es nicht. A b e r e r h ä m m e r t d a r a u f l o s! —

Und das ist es, was Gorilla Erziehung nennt! — Das ist, was ihrem Prahlen von Civilisation, Fortschritt zu Grunde liegt! —

Und die Lehrerin? Wer ist sie? So eben dem Buchstabircyklus entsprungen, mit einigen Hundert Wörtern im Gedächtniß für Städte, Länder, Flüsse, Berge, Thäler, für einige Sterne und Sternbilder, mit einigen Hundert Namen alter und neuer Dinge aus der Geschichte, und von der Geschichte einige Geschichtchen, erfrecht sie sich, dieweil ihr ja das Recht zu heirathen und Mutter zu werden zusteht, ein nobles Geschöpf zu erziehn, zu bilden, dessen Nägel am Fuße, dessen Haare auf dem Kopfe sie nicht versteht, geschweige dessen Organe und ihre Energieen. Sie, so eben der Schule entlaufen, will die Jugend bilden! Ihr, die von ihrem eigenen Körper und seinen Systemen eben so wenig weiß, wie von den Energieen, den geistigen Qualitäten, ist verstattet, die Grundlage in dem jungen Thiere zu legen, die für die ganze Zukunft vorhaltig sein soll. Lächerlich! Fratzenhaft! Geh, laßt sie lernen, dem Kleinen die Windeln zu waschen.

Und der Inspektor? Irgend einer spielt Inspektor, der auf gleicher Stufe der Unkunde und Arroganz steht, oder der, wie oft jenseits des Oceans, gar ein Geistlicher ist, ganz solch' ein Geistlicher, wie wir oben ihn bereits kennen gelernt haben, voll esoterischer Gelehrsamkeit, brauchbar, vielleicht, nachdem Gorilla gestorben! —

Aber Du irrst, Falls Du wähnst, Gorilla wüßte es nicht besser. Sie weiß recht wohl, daß sie unter allen Thieren den ersten Rang einnimmt. Auch kennt sie ihre Vorzüge, und weiß ihnen Geltung zu verschaffen. Sie beweist haarscharf, daß aufrechter Gang, artikulirte Sprache, harmonische Combination der sogenannten fünf Sinne, höhere Intelligenz, vorzugsweise ihr Eigenthum sind, und ihren Stolz begründen. Denn kein Thier besitzt solche Qualitäten. Nun solltest Du denken, es müsse sehr nahe liegen, jene Qualitäten vorzugsweise auszubilden, und daß diese Ausbildung Gegenstand der Erziehung sein sollte. Ja, wären sie Menschen, wahre Menschen, Du könntest das erwarten. Aber von einem Gorillagethier hast Du stets eher unvernünftige als vernünftige Handlungsweise zu erwarten. So ergeht sich denn auch das Thier darin, das, was man Erziehung nennt, recht eigentlich auf den Kopf zu stellen. Um in Kürze Dir anschaulich zu machen, wie es das in den Schulen bewirkt, laß mich Dir referiren, daß was zuerst a r t i k u l i r t e S p r a c h e betrifft, die Hauptregel der Schule ungefähr so lautet: Wer von der Gorillabrut am wenigsten spricht, nie fragt, höchstens dürftig auf Befragen antwortet, ist der a r t i g s t e. M a u l h a l t e n! i s t d i e e r s t e T u g e n d. Die zweite, die der ersten gleichkommt, heißt: S t i l l s i tz e n! Für das hat Gott den Ehrensitz gemacht, und für des Lehrers Stock! — Wer stundenlang zusammengekauert sitzt und sich nicht bewegt, ist wiederum artig. Aufrechter Gang gehört nicht in die Schule, sondern sekundär für die viertelstündige Pause, oder in die Turnanstalt. —

Die Cardinalregel für Ausbildung des Geistes ist: Durch Jahre langes, Geist tödtendes Buchstabiren soll Denken ausgetrieben, und die Denkkraft selbst brach gelegt werden.

Die Harmonie der fünf Sinne aber, da sie mal vorhanden ist, meint Gorilla, bedarf keiner weitern Ausbildung.

So ist denn das stolz aufrechtgehende Gorillakind von der Zeit da es zur Schule gesendet wird verdammt, den größten Theil seines Lebens vertrakt zu sitzen. Nur ausnahmsweise bewegt es die Glieder. — Das aufmerksam die Gegenstände der Natur bereits betrachtende und Fragen aufwerfende Gorillajunge ist von der Zeit des Schulbesuchs verdammt, das Maul zu halten, nichts zu betrachten, nichts zu erfragen. Sprechen und Denken gehören nicht in die Schule, würde zu störend sein. — Die Harmonie der Sinne aber, sie ist die einzige, die Berücksichtigung erfährt, indem dem eigentlichen Hauptsinne, dem Gefühlssinne, naturwissenschaftliche Bearbeitung widerfährt, kräftig und methodisch, mittelst des Stockes. Geruch, Gesicht, Gehör, als Modificationen des Gefühlssinnes, gedeihn dabei gar wohl im engen Schullokal.

Es sei mir verstattet, ein einziges, ein großes, ein wahrhaft großes und durchgreifendes Beispiel anzuführen für die Behandlung der Sinnesorgane, oder vielmehr für die gänzliche Gleichgültigkeit gegen sie, oder gar für die, alle Vorstellung überschreitende, Stupidität in Erziehn und Bilden, und für die horrible Frechheit betreff der Anmaßung zu erziehn, zu bilden.

Seit einem halben Jahrhundert meines Denkens habe ich auch nicht ein einziges Beispiel in der civilisirten Welt gefunden, daß ein Lehrer irgend eine Aufmerksamkeit dem edelsten der Sinne, dem Auge, je hätte zu Theil werden lassen in der Erziehung und Bildung, dem Sinne, auf welchem die meisten Wahrnehmungen, Beobachtungen, Erfahrungen, Urtheile, fast alles Wissen, basirt sind. —

Wenn Du auch nur ein Atom menschlichen Verstandes besäßest, oder menschliches Gefühl in Dir bärgest, Du würdest eingestehn müssen, Gorilla, daß kein Ochsentreiber zu finden, roh genug, kein Pferdezüchter

stupide genug, dem nicht die Pflege der Glieder seiner Bestie mehr am Herzen läge! Ja wohl, der Pferdezüchter, ihm liegt das Auge seines Thieres gar sehr am Herzen, er sammelt Kenntnisse dafür. Aber der Gorillalehrer, die Gorillalehrerin? — o, Leser, laß mich lieber schweigen, mein Unmuth würde gränzenlos sein, hätte ich sie mit Menschen zu vergleichen. Ob das Junge starke oder schwache Augen hat, alles einerlei, lesen muß das Thier. Das arme, unschuldige Würmchen muß lesen, eingepfercht zwischen vier Wänden, den langen, lieben Tag, den heitern, sonnigen, gloriösen, gottvollen Tag. Früher brachte es ihn unbekümmert in seiner Unschuld draußen zu, und stärkte in Freiem Glieder und Auge. Jetzt muß es lesen, das unglückliche Junge, kleine und große Schrift, bei natürlichem oder künstlichem Lichte, zu Hause, nach erstandener Freiheit aus dem Gefängnisse. Alles einerlei. Was kümmert's auch den Erzieher — den Sklavenzüchter, den Verderber! Er ist ja nicht Arzt, meint er, seine Schule, keine Turnanstalt. Und es bedarf ja nur einer ärztlichen Bescheinigung, und das Junge wird berücksichtigt werden! Berücksichtigt! **Eximirt, auf eine Weile nicht der systematischen, methodischen Corruption unterworfen!** Als ob die Gorillaschulen in Wirklichkeit etwas anderes wären, als Verderbniß-, Corruptions-, Fäulnißanstalten für Körper und Geist! Aber ethisch ist das Element der Schule, moralisch, religiös, sagt die Gorillafratze. Sie erzieht für Ethik, für Religion, für Moral, und legt den Grund für Afroatiks.—
Ach, und hat ja auch, und zeigt ja auch, wenn erwachsen, so vieles, so zartes Mitleid für Leidende, für solche Arme, die ihr Auge verloren haben, für arme, arme, arme Blinde! Und jeder wirft ihm fühlendes Herzens ein kleines Geldstück als Geschenk hin, wenn er am Wege sitzt, der Blinde. Und keiner legt ihm nun mehr, nie mehr, nimmermehr ein Hinderniß in den Weg, wenn er nur erst blind geworden! Die **Religion** lehrt das, **Civilisation, Christlichkeit.** —

Doch wähne nicht, lieber Leser, Gorilla erkenne so unbedingt an, daß Du so unbedingt Recht habest. Gorilla sieht zwar, und erkennt an, daß — nun ja, es soll nicht geleugnet werden, daß in Einigem, in Manchem, in Vielem Du Recht hast. Aber, jedoch, inzwischen es läßt sich Vieles über das Thema sagen. Es ist zwar richtig, sagt Gorilla, es könnte, möchte, dürfte Manches anders sein. Ja, um noch mehr zuzugeben, es wäre sogar, ich sage sogar, sagt Gorilla, wünschenswerth, wenn Einiges anders wäre. Alleine aber da giebt es so Manches andere zu berücksichtigen, was nicht von der Hand zu weisen. Und dann ist es ja immer leichter zu tadeln, als besser zu machen. Und endlich, nun freilich, vollkommen ist ja freilich nichts auf Erden! — Nun, Leser, was sagst Du, sind nicht die Einwürfe überzeugend? Nun sage mir Einer, Gorilla habe nicht immer Recht, Recht sogar dann, wenn er die Erziehung von hinten anfängt und dort endet. Und zweifelst Du etwa, daß er selbst dafür gute Gründe habe? Gar gute, sage ich Dir, logische, philosophische, transcendentale, der Ethik entnommen, der Moral, der Religion, der Civilisation, der Christlichkeit. Der Christlichkeit sage ich, und schon bestraft die edle Bestie den hart, der ein Pferd, einen Hund quält und peinigt. Ja, ja, sie ist human, die Kreatur, sogar gegen Bestien, die Kreatur ist christlich!

Es war post Christum natum, ich weiß auch noch das Datum, es war in der letzten Hälfte des neunzehnten Jahrhunderts, da hat Gorilla Bamboozle den Gorillas zugerufen wie folgt:

„Unzweifelhaft, (Gorilla Bamboozle zweifelt nie, hat immer Recht, wenn er schwatzt, denn er ist kanonisch, philosophisch, christlich gläubig!) ist das richtige Prinzip für öffentliche Erziehung, daß der Staat die Bürger lesen, schreiben, rechnen und Grammatik auf öffentliche Kosten lernen lassen soll. Das ist Alles, was nöthig ist, um sie ihre Pflichten aus den Zeitungen erlernen zu lassen, und mittelst Rechnens und Schreibens sie zu befähigen, anständig ihren Lebensunterhalt zu verdienen. Mehr Unterricht ist nicht bloß unnöthig, sondern würde Verderbniß und Verschwendung, würde eine unerträglich drückende Last sein für den Armen sowohl wie für den Reichen."

Was der Herr Bamboozle zuvörderst Staat nennt, soll wohl Gesellschaft heißen. Ein wenig Confusion mehr oder weniger ist für das Thier in Amerika von keiner Wichtigkeit. Was er nun unzweifelhaft richtige Principien nennt, das sagt er nicht, ebensowenig worauf er sie gründet. So viel scheint sicher, sie ruhen bei dem Thier auf zwei Fundamenten, einmal auf Bornirtheit, Stupidität, und dann auf gränzenloser Anmaßung. Wir wollen darüber weiter kein Wort verlieren, malen jeder Schulbube von zwölf Jahren dem Gorillagethier das eben so gut nachweisen würde.

Allein Eins wollen wir der Ergötzlichkeit wegen hinzufügen, weil es klar darthut, bis zu welcher Dimension Bornirtheit mit Arroganz und Selbstsucht in die Oeffentlichkeit zu treten sich erfrechen. **Das Volk soll seine Pflichten als Bürger aus Zeitungen lernen**, sagt Gorilla Bamboozle. Da aber die Zeitungen mannichfaltig und widersprechend sind, so kann Gorilla Bamboozle damit nur gesagt haben wollen: Das Volk muß meine Zeitung lesen oder nur solche, die ich empfehle, um seine Pflichten als Bürger kennen zu lernen. Das ist außer schreiben, rechnen und Grammatik Alles, was öffentliche Erziehung heischt. Mehr als das, ist Verderb und Verschwendung! — So ist denn Alpha und Omega für öffentliche Erziehung: **Gorilla Bamboozle und sein Blatt**. Das ist so ziemlich Alles! — Handelte es sich einfach um Repudiation einer Staatsschuld, so würde ich allerdings den diplomatischen Scharfsinn zu bewundern haben, der, um consistent und harmonisch in allen Gebieten der Wissenschaft zu handeln, von der Finanzwissenschaft Maxime und Prinzipien borgt, und sie auf den Boden der Erziehung überträgt. Gorilla hat nämlich bereits die Mode von drüben adoptirt, und leibt und lebt nur in Maximen und Prinzipien, wie der Söldner in Ehre und Ehrenwort, der Pfaffe im Heiligenschein. Das Publikum soll sich ja nur erst an den Ton, an den Laut, an den Begriff Repudiation gewöhnen. Hat's das, so thut das Volk Alles, Alles das Volk. Deshalb werden vorerst Pioniere und Marktschreier in's Land gesendet; deshalb vorerst ungemeine Ehrbarkeits- und Rechtlichkeitsversicherungen gegeben. Deshalb erschöpft Gorilla Bamboozle seinen ganzen Katechismus von Schimpf- und Schmähwörtern gegen die Ungeheuer, die, wie seine sonst ehrenwerthen Freunde nur den Laut Repudiation über ihre Lippen haben gleiten lassen können. Mittlerweile wird das Publikum an das gräßliche Ungeheuer gewöhnt, stiert wie weiland die Römer unter Fabius, die Afrikaner an, und verlaß Dich darauf, sobald der Schritt gethan, wird Gorilla ihn auch zu rechtfertigen verstehn, logisch, ethisch, moralisch, staatsöconomisch. Endlich heisa, juchheisa, nobis restituit rem! Die Republik ist von neuem begründet! Keine Taxen mehr! Ganz, wie die Väter es gewollt! Hosianna, Hallelujah! Das Volk hat das Alles vollbracht. Alles durch's Volk, Alles für's Volk! Ueberall Harmonie! Wie erfolgreich! — Ganz so betet ja Gorilla zum Herrn, er möge ihn doch zu sich nehmen in's Himmelreich, meinend, ihn vorerst hier zu lassen, zehn, zwanzig Jährchen, und dann für ewig. Hallelujah! So predigt der Geistliche: Thue keiner eine Arbeit am heiligen Sabbath, nur mir gebt Zulage für mein Sabbathwerk! Hallelujah! So ermahnt Gorilla Bamboozle ja zu sparen, jedoch kaufe jeder seine Zeitung und seinen Kalender als die besten Mittel, das beste Gut auf Erden, für Erziehung. Hallelujah! Lesen, Schreiben, Grammatik, Rechnen ist demnach alles, was die Gorilla in Amerika als Quintessenz allgemeiner Erziehung und Bildung betrachtet. Fügst Du zu diesem noch den Religions-Unterricht als nothwendiges Requisit für Europa hinzu, mit der Maasgabe, daß letzteres dort als die Hauptsache betrachtet wird, so hast Du dort wie hier Anfang und Ende aller Volks-Erziehung in einer Nußschale. Alles andere wird für überflüssig erachtet, hier wie dort, wie wir eben gesehen haben, ja für Zeit tödend, für Geldverschwendung — ist vom Uebel. So laßt uns denn sehn, was es heißt, den Unterricht des Gorillakindes mit lesen, schreiben, rechnen, Grammatik und Religion zu beginnen und zu enden. Wir brauchen nur kurz zu sein, und ohne Umschweife der Wahrheit in's Antlitz zu schaun.

Religionslehre.

Dem Kinde wird gelehrt, es giebt nur einen Gott, der fühlt, denkt und handelt, wie ein vollkommenes Gorilla-Wesen, der aber nur alle guten Eigenschaften in höchstem Maaße besitzt, der wirkt durch's Wort, der an Sabbath ruht und nichts thut, der liebt und haßt, der sich ärgert und sich freuet, der die ganze Welt lediglich für die Gorilla geschaffen hat, der streng gerecht ist, aber doch, wenn gebeten, verzeiht, der gebeten sein will, der einst mit der Gorilla selbst gesprochen und verhandelt hat, der bei einigen Stämmen das haßt und verbietet, was er bei anderen liebt und gebietet, wie Heirathen, Nichtheirathen, Vielweiberei, wie das Essen von Schweinefleisch u. s. w., der ewige Verfolgung und Ausrottung ganzer Stämme zur Pflicht macht, aber Hassen und Beleidigen untersagt, der ewige Verdammniß androht und alle erdenklichen Plagen und Qualen, auch die Strafe der Steinigung, der aber die ewige Güte selbst ist, auch Rache untersagt, und Nichtreaktion gegen Beleidigung, und Nichterecution legaler Strafen empfiehlt. Eine Religion, die an Teufel, Heren und Herenaustreibungen glauben lehrt, und den Glauben — bestraft. Eine Religion, die lehrt, es giebt nur einen Gott, und jede Abweichung davon als Götzendienst straft, und eine Religion, die drei anerkennt, und die drei Eins nennt, mit subordinirten Engeln und Ganz- und Halbheiligen. Einen Gott, der einen jeden nur für seine eigenen Verbrechen verantwortlich macht, und einen, der die Kinder plagt, peinigt und tödet für der Eltern und Voreltern Vergehn. Einen Gott, der jeden lohnt nach seinem Verdienste, und einen, der von vorne herein auswählt und bevorzugt. Einen Gott, der die Schätze de. Erde als Belohnung aushält, und Hülle und Fülle hiernieden, und einen, der sie alle sammt der Erde als armseligen Bettelkram verachten lehrt, und eine Ewigkeit der Gorilla vorhält mit ewigen Freuden und Jammern und Wehklagen und Zähneklappern.

Doch genug des Unsinns. Denn daß, leider, zu viel Unsinn in Vorstehendem enthalten, wird jeder, der Mensch ist, zugeben. Doch wir bedürfen nicht mal so viel anerkannt und zugestanden zu sehn. Es genügt die Ueberzeugung, daß alles das abstrakte Behauptungen sind, die ebensowohl dem Papageien zum Nachplappern vorgesagt werden mögen, als dem Gorillajungen von sechs, acht, zwölf Jahren. In Anfang erstreben die Gorillalehrer auch nur vorerst Nachplappern — nichts Anderes. Dann, das Ding allgemein zu verbreiten. Dann, ein Verdrängen alles Andern. So wird Natur — Wahrnehmen, Beobachten, Erkennen vernichtet, kein Trieb dafür gefördert; aber — und das ist die Hauptsache — jeder Funken wird im Gegentheil erstickt. Nicht bloß **Götzendienst ist die Religion, krasser Götzendienst**; nein, **Beknechtung des Geistes**; **Sklaverei**. Der Mensch würde es **Entmenschlichung**, **Brutalisation** nennen. Sie ist en vogue drüben in Europa, und wird emsig angestrebt in Amerika.

Lesen, Schreiben, Grammatik, Rechnen.

Was denkst Du, Gorilla, wenn Deine abwesenden Freunde und Bekannte und die Großen der Vorzeit zugegen wären, daß Du mit ihnen mündlich verkehren könntest und sie mit Dir, würde auch nur einer daran denken, anstatt mit einander zu sprechen, lieber zu schreiben? Gorilla Bamboozle freilich möchte letzteres Dich glauben machen. Doch ich glaube, daß Du bloß deshalb zu den Lettern greifst, weil jene abwesend sind, zu entfernt, um gegenseitig sprechen zu hören, also bloß als stellvertretende Aushülfe für Hören, Sehen, Unterhaltung. Wie lauten nun Gorilla Bamboozle's „unzweifelhafte" Maximen und Dogmen Hinsichts allgemeiner Erziehung? Sie lauten: Alles, was öffentliche Volks= erziehung erstrebt, sind diese sekundären Communikationsmittel, sind diese stellvertretenden Hülfsmittel. So siehst Du also, daß die Sache selbst, für welche Du stellvertretende Hülfsmittel anwendest, daß die primäre Erziehungsweise selbst, verbannt, über Bord geworfen ist. Daher, um es kurz und verständlich auszudrücken, eigentliche Belehrung, eigentliche Erziehung von Mund zu Mund, von Person auf Person, gehört nicht in öffentliche Schulen. Anstatt mündlicher Belehrung und Anleitung zu sprechen, findest Du lesen und schreiben in ihnen. Oder übertreibe ich vielleicht? Laß sehn! Ein einziger Blick in die Schule ist alles, was ich verlange. Wenn der nicht vollständig überzeugt, dann bin ich den Beweis schuldig geblieben.

Das Gorillakind hat Vater und Mutter, meist auch Verwandte, Geschwister. Von diesen wird es losgerissen, um — sie weder zu sehn, zu hören, noch mittelst ihres Beispiels erzogen zu werden, da es vom sechsten Lebensjahre an von Morgen bis Abend Jahre hindurch in der Schule sitzen muß. Die Schule wird seine Heimath. Die Augenblicke, die es nicht dort sitzt, sind die Ausnahmen. Die Lehrer sprechen und verkehren mit dem Jungen in einer ganz und gar ihm fremden, unnatür= lichen Weise. Begonnen wird mit buchstabiren, buchstabiren, buchsta= biren, Tage hindurch, Wochen, Jahre. Dann kommt Grammatik, Grammatik, Grammatik, d. h. abstrakte, todte Regeln. Dann Zeich= nen von Buchstaben, Schreiben, ein Jahr, zwei Jahre, alle Jahre. Alles, was nur immer gesprochen wird, dreht sich um Buchstabiren, Lesen, Schreiben, Grammatik, Rechnen. Alles für den einzigen Zweck, um im Stande zu sein, mit Abwesenden zu verkehren, Gedanken mit Abwe= senden auszutauschen. Alles um nicht reden zu hören, nicht den Reden= den selbst zu sehn.

Was das Erdreich sei, der Boden, auf welchem es steht und geht, was Luft und Licht, in welchem es athmet und lebt, was Pflanze, was Thier, gehört nicht zum öffentlichen Unterricht. Der Lehrer spricht nicht davon, lehrt es nicht. Mündlicher Unterricht, Unterhaltung, ist ja nicht lesen, ist ja nicht schreiben, meint Gorilla Bamboozle, ist vom Uebel. Unterhaltung mit dem Kinde über den Bau der Pflanze, über das Leben derselben, über den Bau thierischer Organe — bah! ist ja nicht lesen, schreiben, Grammatik. Unterhaltung über individuelles Leben, Leben in der Gesellschaft, Rechte, Pflichten — ist ja nicht lesen, schreiben, Grammatik. Gorilla Bamboozle offerirt dafür — seinen Kalender, seine Zeitung! — Freilich, der Lehrer selbst weiß gewöhnlich nichts von allen den Dingen. Da tritt er denn vor mit der Behauptung, daß jene Dinge das Fassungsvermögen der Kleinen übersteigen! Als ob Anschauung, Wahrnehmen, Beobachten schwieriger wären, als das Begreifen abstrakter Regeln über Buchstabiren, Grammatik, Rechnen, über Thun und Lassen, Lieben und Hassen, Gerechtigkeit und Gnade des lieben Herrgotts, und die Annehmlichkeiten des Jenseits! — In Bezug auf alle diese Dinge muß das Junge ein wahrer K ü n s t l e r werden. Hat auch zu wissen, was Komma ist und Semicolon, was Sätze und Perioden sind. Wunderst Du Dich noch, daß schließlich solch ein Gorillajunges alles dieses versteht, und noch weit mehr, nur nicht, was natürlich ist, nichts von Natur, nichts von gemeinem Verstande? Aber das Kreatürchen, Religion, d. h. Götzendienst, studirt habend, weiß ganz genau, was Gott der Vater, was Gott der Sohn, was Gottes Mutter denken und was sie nicht denken, was sie jetzt und in aller Ewigkeit hier unten und dort oben thun und nicht thun, auch was sie für Recht und Unrecht halten. Das Kreatürchen, auch noch so jung, weiß doch, warum „Gottes Söhne und Satan unter ihnen von Zeit zu Zeit vor Gott sich zu präsentiren haben," um mit ihm sich zu unterhalten, und warum es Satan verstattet ist, wie mit Job, seine Schwindeleien dem lieben Herrgott aufzuspielen ähnlich wie der frommen Gorilla. Aber führst Du die Jugend in Winter in einen Obstgarten, ich wage nichts, wenn ich behaupte, sie weiß nicht einen Apfelbaum von einem Birnbaum zu unterscheiden. Sie brüstet sich, Außerweltliches zu studiren und zu wissen; und versteht doch so wenig, so blutwenig von weltlichen Dingen! — D a r u m e b e n f ä n g t d i e E r z i e h u n g m i t S c h n ö r k e l e i e n a n , u n d e n d e t m i t K u n s t s t ü c k e n. — Und darum hat denn auch Gorilla in H a n d e l u n d W a n d e l , i n S t r e b e n u n d W e b e n , i n s o c i a l e m u n d S t a a t s l e b e n , m i t t e l s t R e l i g i o n , M o r a l u n d R e c h t s , w i r k l i c h s o w e i t e s g e b r a c h t b i s z u m bellum omnium contra omnes. Ja, ja,

gesteht es nur ein. **Ihr lebt beständig auf dem Kriegs-
fuße wie im Einzelnen so im Ganzen.
Eure Civilisation ist — Schönthuerei, Courtoisie. Eure Christlichkeit — grinsender Hohn.
Ihr selbst seid die leibhaftige Fratze.**

Und doch würde es so leicht sein, mit Hülfe natürlichen Verstandes, dessen ihr euch doch rühmt, den rechten Pfad einzuschlagen, wolltet ihr nur den Menschen, **den wahren Menschen,** zum Muster nehmen. Wolltet ihr nur in Ruhe den Blick auf die Fortschritte lenken, die unter den Menschen gemacht sind, und erwägen, von wannen sie kamen, und auf welchem Gebiete sie gemacht wurden. Hat die Religion sie in's Leben gerufen, oder Lesen, Schreiben und Grammatik?

Die Naturwissenschaften sind es, die Studien der herrlichen, erhabenen, gloriösen Natur, die Fortschritte nachweisen; und außer ihnen nichts, gar nichts, durchaus nichts! — — —

Die Religion aber, wie wir gezeigt haben und im speziellen Theile speziel darthun werden, hat im Wege der Lehre nur die eine Vorschrift zur Geltung gebracht — **keine Lehre.** Was aber Streben und Weben anbetrifft, so hat sie stets und überall beflissen sich gezeigt, treue Diener und Verehrer und Schüler dessen zu erziehn, den sie den **Eifersüchtigen** nennen, und in Eifersucht bis zur Verfolgung und „Ausrottung aller Amalekiten von Geschlecht zu Geschlecht" es ihm gleichzuthun wetteifern.

Ja, ja, Gorillas, so baut denn hoch eure Tempel, die allein verseligenden, die katholischen, lutherischen, ebräischen. Gründet „Wohlthätigkeits-Anstalten", Wittwen- und Waiseninstitute, Verpflegungs-Anstalten für Altersschwache und Gebrechliche, Besserungsinstitute. Bildet Unterstützungs-Vereine, Enthaltsamkeits-Vereine, und wie ihr sonst noch Namen erfunden für euer **Flickwerk.** Gewahrt ihr denn nicht, wie immer mehr Löcher zu stopfen übrig bleiben, je mehr ihr füllt? Immer mehr Arme, immer mehr Elende, immer mehr schlechtes Gesindel, je mehr ihr die Anstalten füllt. Warum? **Weil das ganze Gewebe morsch ist, und nicht mal mehr die Naht aushält für's Flickwerk. Plunder ist es allesammt, nichts als Plunder, armseliger, belachenswerther Plunder!** — Oder denkt ihr wirklich den Sehenden Sand in die

Augen zu streun, auf daß sie nicht sehn sollen, wie ihr euch mittelst jener Anstalten herbeizulaſſen gezwungen fühlt, selbst die Kriegskosten zu bezahlen **für den Kriegszustand, in welchem eure Gesellschaft leibt und lebt?** — Diese Anstalten äußerster Noth — sollen sie gar noch eure Wohlthätigkeit, eure Liebe, eure Civilisation, eure Christlichkeit beweisen?! — Ja wohl, sie beweisen, aber, leider, sie beweisen die Negative! — Eine jede der Anstalten und alle insgesammt, sie beweisen bis hinab eben auf den Namen, wie nothwendig ihr sie erachtet; sie beweisen, wie faul es im Staate ist, wie krank, morsch und verrotten eure Gesellschaft ist, eure Moral, eure Sitten, eure Gewohnheiten, tief unten bis zur Wurzel. Außerdem aber tragen sie den Stempel wahren Mangels wahrer Hochachtung, wahrer Bruder- und Schwesterliebe offen an der Stirn. Daß euch die Schaamröthe nicht das Antlitz färbt, die Zunge nicht am Gaumen klebt, wenn ihr von Menschenwürde sprecht, von Civilisation, Kultur, Christlichkeit, zeugt entweder für eure Stupidität, oder für eure Abgestumpftheit und Anmaßung. — Noch habe ich mit keiner Silbe erwähnt, daß das Wenige, was wirklich Gutes inmitten des engen Kreises jener Anstalten selbst gewirkt werden kann, doppelt aufgewogen wird durch Böses, Schlechtes, von drinnen und von draußen, und vermöge Alles, was drum und dran klebt. —

Dahingegen, nicht wahr, erlaßt ihr mir gerne den Nachweis des Fortschrittes im Bereiche der Naturwissenschaften?

Ihr erlaßt mir auch, nicht wahr, jeden weitern Nachweis, daß das was ihr Religion nennt, es gewesen ist, was auf die schrecklichste Weise den Naturwissenschaften im Wege gestanden hat?

Nicht wahr, ihr erlaßt mir auch den Nachweis, daß von dem Zeitpunkte an, als Naturwissenschaften gepflegt zu werden begannen, wenn auch vorerst nur in sehr bescheidenen Cirkeln, die Hexen und Gespenster der Religion immer und immer seltener wurden sammt den scheußlichen Hexenprozessen und Torturen, bislang stets emsig gepflegt von der Religion im Namen dessen, dessen Namen „der Eifersüchtige" ist?

Nicht wahr, ihr erlaßt mir auch den Nachweis, daß es überall gährt im innern Religionsstaate, sei er nun christlich oder ebräisch, seit die Naturwissenschaften gepflegt werden und eben begonnen haben, aus den stillen Gemächern der Pfleger hinaus in die offene Welt zu treten?

Wißt ihr denn nicht, daß selbst die Herren der Dunkelheit allüberall zu reformiren beginnen? J, doch, ja, sie reformiren — zeitgemäß — sagen sie! — **Sie wollen ihren Herrgott zeitgemäß reformiren!** —

Warum nicht? Wer das Recht des Formirens hat, hat auch das des Reformirens. —

Sie reformiren zeitgemäß die Gotteslehre. — Zeitgemäß Satanas und die Satanslehre; zeitgemäß den Eifersüchtigen, Strafsüchtigen, den ewige Verdammniß drohenden Gott und seine Gehülfen und Fürsprecher. Allesammt haben sie die Reform zu passiren, zeitgemäß, wie wären sie Pariser Moden. —

Seht ihr nicht, ihr weisen Herren, was es heißt: „Zeitgemäß?" **Ihr wollt sie den Naturwissenschaften anpassen!** — Aha! Ihr wollt so etwas zurecht kneten, was man Amalgam nennt! Nicht wahr? — Doch ihr wollt bloß das Alte überkleistern, um ihm einen frischen, neuen Schein zu geben! Oder ein edles Metall über ein unedles ziehen? — Aber ich sage euch, **Ihr** seid nicht mal dazu im Stande, ganz abgesehn davon, daß das ganze Gebäude morsch ist. **Ihr** am wenigsten von allen solltet „zeitgemäß" zu reformiren euch anmaßen. Denn Ihr wißt nicht, was zeitgemäß ist. Ihr kennt das Material nicht, die Naturwissenschaften. Nun habt Ihr, wie die Menge, von Dingen vernommen, die die Naturwissenschaften errungen, von Telegraphen, von Dampfkraft u. s. w. Und wie das Kind, spielend mit seinem Spielzeuge, glaubt Ihr, Euren alten Herrgott und den alten Teufel, und die alten Himmelfahrten und Auferstehungen, und Teufelsaustreibungen, und die Beschattungslehre den Ergebnissen der Naturwissenschaften anpassen zu wollen! — Lächerlich! — Euer Kram ist verrotten. So legt ihn zum Plunder, — und Euch daneben — falls Ihr Euch zu schwach fühlt, im Tempel des Wissens zu arbeiten, vorerst an — Eurer eigenen Belehrung! — Gesteht es nur, um Andere zu lehren, seid

Ihr selbst zu beschränkt, zu sehr Ignoranten. In Bezug auf Belehrung, Erziehung der Jugend, des Volkes, könnt Ihr nur auf den Namen Verderber gerechten Anspruch machen.

Warum denn, Gorillas, wollt ihr nicht die öffentliche Erziehung auf die Prinzipien gründen, welche die Lehre der Naturwissenschaften anerkennt? Warum wollt ihr nicht Naturwissenschaften lehren? Warum nicht allüberall in den öffentlichen Schulen mit Naturwissenschaften beginnen und enden? Warum wollt ihr fortfahren, eure Kinder Dinge zu lehren, die sie nicht begreifen können, und warum fortfahren, Dinge nicht zu lehren, Dinge auszuschließen, die sie begreifen können und die ihnen so nahe liegen? Warum nicht den Unterricht, die Erziehung, beginnen, indem ihr den Stein und seine Gestaltung, die Pflanze und ihre Theile lehrt, den Knochen des Thieres, den Muskel, die Ader, den Nerv, das Organ und seine Funktion, und alles so wie es die Naturwissenschaften heischen, unter stetem Vorzeigen und Beschreiben? Warum dann nicht stufenweise weiter gehn von solcher Basis aus, unter stets fortschreitender Bildung des Geistes?

Ah, ihr habt schon begonnen, sagt ihr, in der Neuzeit! Glaubt ihr denn wirklich, daß Blinzeln und Liebäugeln naturunkundiger Schreib- und Lehrmeister mittelst sogenannten Anschauungs-Unterrichts, meint ihr, daß eure „Kindergärten" Acquivalente dafür wären?! Meint ihr, daß das Vorzeigen der Dinge an der Wand, im Schulraume, in der Küche, im Garten naturwissenschaftlich Bilden heißt? Oder meint ihr, daß jedes unwissenschaftliche Geplapper naturwissenschaftlich demonstriren heißt? — Oder denkt ihr, das käme nicht so genau darauf an, weder in Volksschulen, noch im ersten Unterricht der Kleinen? — **So sage ich euch, daß es die Volksschulen sind, die die besten Lehrer, daß es die Kleinen sind, die die tüchtigsten Erzieher bedürfen.** Ihr aber treibt euer schnödes Spiel mit ernsten, mit erhabenen Dingen, dieweil ihr selbst nichts von ihnen versteht, dieweil der Lehr-, Schreibe-, Religions-Meister euch in den Knochen steckt, den ihr bloß mit neuen Troddeln und Franjen zu behangen trachtet. Die ganze Volkserziehung soll eine naturwissenschaftliche sein, von Alpha bis Omega. Auch soll der Lehrer der Jugend — der Erzieher des Volkes — das Junge nach Anlage und Disposition verstehn und je danach seine Methode zu treffen wissen.

Wissen und Wahrheit vor allem. Nicht Lug' und Trug, nicht Phantasiegebilde! Jenes sei die Hauptsache. Lesen und Schreiben gehn daneben als Zweites, nicht als Erstes, und nie und nimmer auf Kosten ersteres.

Dann wählt immerhin auch weibliche Erzieherinnen und honorirt sie, daß sie sorgenfrei leben mögen. Natur hat ihren Standpunkt in der Gesellschaft, in normalem Leben, ihnen angewiesen, weniger für ein abnormes. Aber sie sollen für das Fach der Erziehung des Volkes erst selbst herangebildet werden, um vor allem das Junge, dessen erste Pflege, erste Erziehung, zumeist ihnen anheimfällt, naturwissenschaftlich zu verstehn.

Wollt ihr einwerfen, daß so lange ihr, wie in der Religion, nichts Besseres habt, ihr fortwandeln wollt in tausendjährigem Schlendrian in allen Gebieten eurer Studien, eures Wirkens und Lebens? So fahrt fort in Ewigkeit, nachdem ihr im Ganzen und Großen nur Jämmerlichkeiten gewahrt! Wollt ihr nie beginnen, nie bei der Wurzel anfangen; nimmer fällt euch die Frucht reif vom Himmel herab. — Wenn ihr auf das unendlich Große und Gute euer Augenmerk richtet, das die Naturwissenschaften euch verschafft in ihrer Kindheit und Abgeschlossenheit, und unter den enormsten Hindernissen und steter, wüthender Verfolgung zu Wege gebracht, wollt ihr behaupten, es gäbe keinen andern Weg der Volkserziehung, als den der Lüge und des Betrügens, heilig gesprochen und als berechtigt erklärt vermöge tausendfältiger Gesetze, und eingehegt mittelst gräßlicher Drohungen zeitiger und ewiger Qualen und Strafen, so arg, so fürchterlich, so beängstigend, daß kein Vernünftiger, sobald er zu denken beginnt, verfehlt, die Furcht und die Angst zu verlachen, und den danebcn, der, gehüllt in Heiligenschein, die Furcht eingejagt hat?! —

Sagt auch nicht, daß es schwer, allzuschwer sei, überall die passenden Lehrer zu finden. Freilich würde der große Troß der jetzigen sogenannten Lehrer zurückstehen müssen. Sie mögen als Lese- und Schreibemeister Verwendung finden; die Gottesgelahrten getrost in's Jenseits

ziehn. Aber könnt ihr nicht sofort alle Schulen mit naturwissenschaft=
lich gebildeten Lehrern versorgen, so versorgt sofort so viele ihr könnt,
und bildet und erzieht sofort für die übrigen. Beginnt nur. Sagt
aber nicht: Weil wir nicht Alles thun können, ziehn wir vor, nichts zu
thun, und am Verkehrten, Schlechten fest zu halten.

Ihr aber, Editoren
vielgelesener Blätter der neuen Welt, laßt Euch nicht rauben, den Im=
puls zu geben, im Ganzen und im Großen, anstatt Eure großen, edlen
Gaben, wie ich es mit Leidwesen hier und da gewahre, auf Flickwerk
zu verwenden, auf Flickwerk im Leben der Gesellschaft und in dem des
Staates, das, während Ihr die morsche Stelle entdeckt, aufdeckt, bloß=
legt und ausbessert, zehn neue drüben, die Euer Augenmerk von neuem
in Anspruch nehmen, aufkeimen läßt! — Beginnt, und ich weiß es, der
gute Willen mancher Edlen und Reichen, die jetzt ihre Hunderttausende
auf solch' Flickwerk verwenden, wird Euch nicht fehlen. Sie werden
durch die That beweisen, daß nicht aller Sinn, alle Hoffnung erstorben
ist für wahre, naturgemäße, öffentliche Erziehung.

Gorilla-Katechismus.

Von

Dr. Emanuel Herzberg.

„Warum ist dein Gewand roth und dein Kleid wie eines Kelterers?
Trat ich die Kelter allein, und von den Völkern war auch nicht einer mit mir.
So zertrete ich sie in meinem Zorn, zerstampfe sie in meinem Grimm."

"Itaque, si aut acrius egero aut liberius quam qui ante me dixerunt, peto a vobis, ut tantum orationi meae concedatis, quantum et pio dolori et justae iracundiae concedendum putetis."

TRADE SUPPLIED BY
THE AMERICAN NEWS COMPANY.
117, 119 & 121 Nassau St.
1869.